Aus dem Programm
Huber: Psychologie Lehrbuch

Wissenschaftlicher Beirat:
Prof. Dr. Theo Herrmann, Mannheim
Prof. Dr. Kurt Pawlik, Hamburg
Prof. Dr. Meinrad Perrez, Freiburg (Schweiz)
Prof. Dr. Hans Spada, Freiburg i. Br.

Guy Bodenmann

Fragenkatalog zum Lehrbuch Klinische Psychologie

Herausgegeben von
Urs Baumann und Meinrad Perrez

Verlag Hans Huber
Bern Göttingen Toronto

Das Umschlagbild stammt von Jean-Pierre Corpaato, dem Freiburger „peintre boucher".

Die Deutsche Bibliothek – CIP-Einheitsaufnahme

Lehrbuch klinische Psychologie / Urs Baumann und Meinrad
Perrez (Hrsg.). – Bern ; Göttingen ; Toronto : Huber.
   Bd. 2 hrsg. von Meinrad Perrez und Urs Baumann
   NE: Baumann, Urs [Hrsg.]; Perrez, Meinrad [Hrsg.]
Fragenkatalog. Guy Bodenmann. – 1. Aufl. – 1992
   ISBN 3–456–82128–X
NE: Bodenmann, Guy

1. Auflage 1992
© 1992 Verlag Hans Huber, Bern
Druck: Allgäuer Zeitungsverlag, Kempten/Allgäu
Printed in Germany

Vorwort

Mit den beiden Lehrbüchern zur Klinischen Psychologie - Band 1: Grundlagen, Diagnostik, Aetiologie; Band 2: Intervention - haben wir einen neuen Weg zu beschreiten versucht. Wir haben die Klinische Psychologie einerseits störungsübergreifend, andererseits störungsbezogen konzipiert. Im Band 1 werden störungsübergreifend Grundbegriffe, Konzepte der psychischen Gesundheit bzw. Krankheit, Epidemiologie, Aetiologie/Bedingungsanalyse, wissenschaftstheoretische Grundbegriffe und Determinanten psychischer Störungen abgehandelt. Im zweiten Band werden bezüglich der Intervention folgende methodenübergreifende bzw. störungsübergreifende Aspekte diskutiert: Systematik der Intervention, Gesundheitsversorgung, wissenschaftstheoretische Gesichtspunkte, Methodik, Prävention, Behandlung und Therapie, Rehabilitation. Störungsbezogen sind die Ausführungen zur Aetiologie/Bedingungsanalyse einerseits und zur Intervention andererseits. Dabei werden Funktionen, Funktionsmuster und interpersonelle Systeme unterschieden. Ein besonderes Anliegen ist die Verknüpfung der Klinischen Psychologie mit Konzepten der Allgemeinen Psychologie.

Mit diesem Lehrbuch wird dem Leser/der Leserin eine Fülle von Stoff vorgelegt, zu deren Aneignung eine systematische Vorgehensweise sinnvoll erscheint. Hier setzt der vorliegende Fragenkatalog von Guy Bodenmann an, den er mit grosser Sorgfalt und didaktischem Geschick entwickelt hat. Dieses Instrument stellt eine Lernhilfe dar, die wir als Herausgeber des Lehrbuches sehr begrüssen. Diese Lernhilfe ist orientiert an der Bloom'schen Lernzieltaxonomie, so dass unterschiedliche Komplexitätsgrade im Lernzielkatalog unterschieden werden.

Auf der ersten Ebene wird nach Wissenskompetenzen gefragt, nach spezifischen Einzelinformationen, auf welchen komplexere Wissenseinheiten basieren. Die Verstehensebene äussert sich unter anderem in der Fähigkeit, Wissenselemente bzw. komplexere Zusammenhänge (Theorien, etc.) erklären zu können und die Anwendungsebene im Vermögen, konzeptuelles, theoretisches und methodisches Wissen auf konkrete Situationen beziehen zu können. Das von Guy Bodenmann entwickelte Instrumentarium bezieht auch Analyse- und Integrationsfragen ein, was komplexere Fähigkeiten beansprucht, nämlich vernetzte Zusammenhänge sinnvoll zerlegen bzw. erkennbare Muster, Strukturen oder Zusammenhänge zusammenfügen und wechselseitig in Beziehung setzen zu können.

Die Verwendung von Lernzielkatalogen hat für das Lernen und das Prüfen deutliche Vorteile. Die Struktur des Lehrbuchwissens muss duch geeignete Fragen mindestens auf den unteren Ebenen der Bloom'schen Taxonomie verbindlich repräsentiert sein. Das Zugrundelegen eines Lernzielkatalogs schafft für Lernende und Prüfer jene Verbindlichkeit, die gerade in sozialwissenschaftlichen Prüfungen oft vermisst wird.

Die Herausgeber möchten an dieser Stelle Guy Bodenmann für seine Bemühungen herzlich danken. Ebenso danken wir auch den einzelnen Autoren der beiden Lehrbuchbände, die aufgrund ihrer Rückmeldung dem Autor dieses Lernzielkatalogs wertvolle Hinweise gegeben haben.

Urs Baumann, Salzburg   Meinrad Perrez, Fribourg

INHALTSVERZEICHNIS

BAND 2

Einleitung

Der vorliegende Fragenkatalog zum Lehrbuch "Klinische Psychologie: Band 1 & 2" wurde in der Absicht entwickelt, Lesern und Leserinnen ein Instrument in die Hand zu geben, welches die einzelnen Lehrbuchtexte anhand von Fragen gezielt durcharbeiten und vertiefen lässt. Dabei wird auf gedächtnispsychologische Erkenntnisse zurückgegriffen, wonach Fragen als Strukturierungs- und Vernetzungshilfe zu einer besseren Behaltensleistung des gelesenen Textes wesentlich beitragen. Auf diesem Wissen basieren z.B. bekannte Methoden wie die *PQ4R-Methode* von Thomas & Robinson (1972) (PQ4R: Preview, Questions, Read, Reflect, Recite, Review), bei welcher Fragen zum Text in allen Phasen eine zentrale Bedeutung zukommt. In empirischen Studien z.b. von Frase (1975) oder Rothkopf (1966) konnte in diesem Zusammenhang gezeigt werden, dass Probanden, welche einen Text mit begleitenden Fragen lasen, in der nachträglich abgefragten Erinnerungsleistung deutlich bessere Resultate zeigten als eine Kontrollgruppe, welche den Text ohne Fragen gelesen hatte. Neben dieser Steigerung der Behaltensleistung aufgrund strukturierender Fragen, versuchten wir für den Fragebogenkatalog ein zweites gedächtnispsychologisches Moment zu nutzen: die Bedeutung der Verarbeitungstiefe. Die von Craik & Lockhart (1972) postulierte und empirisch belegte Annahme, dass die Gedächtnisleistung positiv mit der Verarbeitungstiefe beim Lernen korreliere, versuchten wir durch eine in Anlehnung an die Taxonomie der Lernziele von Bloom et al. (1956) vorgenommene Variation der Fragenschwierigkeit einzufangen. Dem Leser wird dadurch ermöglicht, den Text nach Fragen verschiedener Schwierigkeitsgrade zu lesen und so den gewünschten Vernetzungsgrad selber zu bestimmen (über die Bedeutung der Vernetzung liegen auch neuere Hypothesen im Rahmen von Netzwerkmodellen (vgl. Klimesch, 1988) vor, wonach eine stärkere Vernetzung einen schnelleren und sichereren Abruf der gelernten Information erlaubt). Die Fragen sind auf vier Abstaktionsebenen lokalisierbar: Wissensfragen, Verstehensfragen, Analysefragen und Integrationsfragen, wobei darauf geachtet wurde, in der Regel nicht über die im Text vorliegende Information hinauszugehen. Dies schlägt sich darin nieder, dass bei einzelnen Kapiteln nicht alle Schwierigkeitsniveaus angesprochen sind und die Fragen jeweils aus dem Text selber weitgehend beantwortet werden können. Es ist indes notwendig und erwünscht, auf der Grundlage der Fragen, über die Information im Text hinauszugehen und vor allem bei Analyse- und Integrationsfragen (speziell aber bei den Anwendungsbeispielen) eigene Ueberlegungen anzustellen. Die Richtigkeit der Fragen, welche durch die Angabe der Seitenzahl, wo die Antwort der jeweiligen Autoren im Text steht, eingesehen werden kann, ist bei Analyse- und Integrationsfragen dadurch nur teilweise überprüfbar. In den grösseren Freiheitsgraden liegt aber vielleicht gerade ein besonders reizvolles Moment.

Zur Entwicklung der Fragen

Die Fragen des vorliegenden Arbeitsmaterials wurden auf der Grundlage der oben dargestellten theoretischen Ueberlegungen erarbeitet und anschliessend in Zusammenarbeit mit den Autoren und einer freiwilligen Studentengruppe an der Universität Fribourg überprüft und wo nötig überarbeitet. Die Autoren hatten zu überprüfen und durch ergänzende Vorschläge zu gewährleisten, dass die Fragen den Text in inhaltsrepräsentativer Weise abfragen. Zudem kennzeichneten sie besonders wichtige Fragen, welche in die Fragen zu den übergreifenden Kapiteln eingingen. Die Studentengruppe prüfte insbesondere Verständlichkeit und Schwierigkeitsgrad der Fragen.

Sowohl den Autoren und Autorinnen wie den Studenten und Studentinnen sei an dieser Stelle für ihre aktive und kritische Mithilfe bei der Entwicklung des Fragebogens herzlich gedankt.

Aufbau des Fragebogenkatalogs

Der vorliegende Fragebogenkatalog zum Lehrbuch "Klinische Psychologie: Band 1 & 2" nach vier Kriterien konzipiert. Hauptziel war dabei die Ermöglichung einer leserangemessenen, effizienten und vertiefenden Bearbeitung des Lernstoffes:

1. **Gliederung der Fragen nach Kapiteln und dem Ablauf des Textes,** um bei der Lektüre die einzelnen Fragen direkt und schnell dem Text zuordnen zu können. Durch die Befolgung des Aufbaus der Artikel sollte einerseits der von den Autoren und Autorinnen vorgegebene inhaltliche Ablauf beibehalten werden, gleichzeitig aber durch die Fragen zu einer weiteren Strukturierung und Akzentuierung der Lerninhalte beigetragen werden.

2. **Klassierung der Fragen nach Schwierigkeitsgrad und Vernetzungstiefe:.** In Anlehnung an die Taxonomie von Bloom (1956) unterscheiden wir *Wissensfragen, Verstehensfragen, Analysefragen* und *Integrationsfragen* sowie *Anwendungsbeispiele.* Von weiteren Ebenen wird abgesehen. Auch ist darauf hinzuweisen, dass die Fragenkategorisierung nach der Bloom'schen Taxonomie nicht immer trennscharf ist. Der Leser möge sich nicht daran stören, dass einzelne Fragen auch einer anderen Kategorie zugeordnet werden könnten. Die einzelnen Anspruchsniveaus werden folgendermassen definiert:

Wissensfragen: Reproduktion von Faktenwissen, Begriffen, einfachen Definitionen, Daten, Ereignissen oder groben Darstellungen von Theorien.

Verstehensfragen: Aufforderung, einen Sachverhalt in eigenen Worten zu formulieren und zu erklären, Darstellung von Theorien, Konstrukten, Gesetzen, etc. Verstehen von Zusammenhängen, etc.

Analysefragen: Aufforderung zur Gliederung von Sachverhalten, Aussagen, Daten, Problemen, etc.; Ermittlung von Kriterien des Vergleichs; kritische Gegenüberstellung, Analyse von Problemen etc. Aufforderung zu eigenen Vorschlägen bezüglich Fragestellungen, Untersuchungsmöglichkeiten, etc.

Integrationsfragen: Aufforderung zur Vernetzung, Einbezug weiterer Sachverhalte, empirischer Ergebnisse, etc. Ueberblicke über Gebiete, Forschungsbefunde und deren Synthese; Brückenschlag zwischen verschiedenen Theorien, etc.

Anwendungsbeispiele: Fallbeispiele sollen eine konkrete praktische Anwendung des Gelernten über den reinen Wissensaspekt hinaus ermöglichen.

Diese Differenzierung erlaubt dem Leser eine Bearbeitung des Textes auf verschiedenen Komplexitätsniveaus. Gleichzeitig ermöglicht eine solche Einteilung ein Vorgehen in Abhängigkeit eigener Zielsetzungen (eigene Vertiefungsabsicht), des aktuellen Ausbildungsstandes (Grundstudium, Hauptstudium, Vorbereitung der Diplom- und Lizentiatsprüfungen) etc.

3. Zusammenfassung zentraler Fragen nach den den Lehrbüchern zugrunde-liegenden übergreifenden Systematisierungen. Zusätzlich zu den Fragen zu den jeweiligen Kapiteln werden für jeden übergreifenden Teil (A, B, C) zentrale Fragen (teils Fragen zu den einzelnen Kapiteln, welche von den Autoren als besonders relevant taxiert wurden, teils neue) gestellt. Damit soll eine schnelle Bearbeitung der wichtigsten Fragen eines Bereiches (Funktionen, Funktions-muster, interpersonelle Systeme, Klassifikation, Aetiologie, Intervention, etc.) ermöglicht werden. Dies dürfte vor allem im Rahmen einer kurzfristigen oder bereichsspezifischen Prüfungsvorbereitung, eines Vorgehens gemäss spezi-fischer Vertiefungsinteressen oder im Sinne einer Ueberprüfung der Gedächtnis-leistung eine nützliche Bearbeitungsalternative oder -ergänzung darstellen.

Zur gründlichen Bearbeitung der Lehrbücher wird ein gestuftes Vorgehen in Anlehnung an die *PQ4R-Technik* vorgeschlagen. Diese sei hier in Anlehnung an die Darstellung von Anderson (1988, 183) kurz in Erinnerung gerufen:

1. *Vorschau* (Preview): Ueberfliegen Sie das Kapitel, um festzustellen, welche allgemeinen Themen darin behandelt werden. Identifizieren Sie die jeweils als Ganzes zu lesenden Abschnitte. Wenden Sie danach auf jeden dieser Abschnitte die folgenden vier Schritte an:

2. *Fragen* (Questions): Lesen Sie die zu den Lehrbuchtexten vorliegenden Fragen.

3. *Lesen* (Read): Lesen Sie den Abschnitt sorgfältig und versuchen Sie, die formulierten Fragen zu beantworten.

4. *Nachdenken* (Reflect): Denken Sie beim Lesen über den Text nach. Versuchen Sie, ihn zu verstehen, sich Beispiele auszudenken und seinen Inhalt mit Ihrem Vorwissen in Beziehung zu setzen. Dazu eignet sich als Strukturierungshilfe besonders der Einbezug der Analyse- und Integrationsfragen bzw. die Anwendungsbeispiele.

5. *Wiedergeben* (**Recite**): Wenn Sie den Abschnitt beendet haben, versuchen Sie, die darin enthaltenen Informationen wiederzugeben
und die zu diesem Abschnitt formulierten Fragen zu beantworten.

6. *Rückblick* (**Review**): Nachdem Sie das Kapitel gelesen haben, gehen Sie es gedanklich noch einmal durch. Rufen Sie sich die wesentlichen Punkte anhand der Fragen in Erinnerung.

Neben der Beantwortung der Fragen wird speziell empfohlen, sich Beispiele zu überlegen und Bezüge zu anderen Gebieten der Psychologie herzustellen. Der Aufbau des Lehrbuchs sollte dies leicht ermöglichen.

Nach der Durcharbeitung der einzelnen Kapitel stellt die Beantwortung der übergeordneten Bereiche (A, B, C) einen zweiten Schritt dar, welcher eine weitere Vernetzung zulässt und zudem die Behaltensleistung zeigt, da die einzelnen Fragen zum Text zeitlich auseinanderliegen.

Die hier skizzierte Vorgehensweise stellt natürlich nur einen Weg unter vielen möglichen dar.

Wir hoffen, mit dem Fragenkatalog Lesern und Leserinnen eine sinnvolle Lernhilfe bei der Bearbeitung der Lehrbücher anzubieten und wünschen ihnen eine fruchtbare Auseinandersetzung mit dem Gebiet der Klinischen Psychologie.

Literatur

ANDERSON, J.R. (1988). Kognitive Psychologie. Heidelberg: Spektrum.

BLOOM, B.S. et al. (1956). Taxonomy of educational objectives. The classification of educational goals. Handbook I: Cognitive Domain. New York.

CRAIK, F.I.M. & LOCKHART, R.S. (1972). Levels of Processing: A Framework for Memory Research. Journal of Verbal Learning and Verbal Behavior, 11, 671-684.

FRASE, L.T. (1975). Prose processing. In: G.H.BOWER (ed). The Psychology of Learning and Motivation. Volume 9. New York: Academic Press.

KLIMESCH, W. (1988). Struktur und Aktivierung des Gedächtnisses. Das Vernetzungsmodell: Grundlagen und Elemente einer übergreifenden Theorie. Bern: Huber.

ROTHKOPF, E.Z. (1966). Learning from Written Instruction Materials: An Explanation of the Control of Inspection Behavior by Test-like Events. American Educational Research Journal, 3, 241-249.

THOMAS, E.L. & ROBINSON, H.A. (1972). Improving Reading in Every Class: A Sourcebook for Teachers. Boston: Allyn and Bacon.

BAND 1

Fragen zu Kapitel 1: Grundbegriffe - Einleitung

Wissensfragen

Was versteht man unter Klinischer Psychologie ? (S. 19)

Mit welchen Inhalten und Themen beschäftigt sich die Klinische Psychologie ? (S. 19)

Vergleichen Sie die Klinische Psychologie mit anderen Teildisziplinen der Psychologie. (S. 19 - 21)

Welche mit der Klinischen Psychologie verwandten Begriffe können unterschieden werden ? (S. 21 - 22)

Skizzieren Sie die Hauptentwicklungslinien der Klinischen Psychologie. (S. 21 - 22)

Verstehensfragen

Systematisieren Sie störungsübergreifende und störungsbezogene Teilgebiete der Klinischen Psychologie. (S. 22 - 23)

Analysefragen

Weshalb ist der Begriff "Störung" demjenigen der "Krankheit" vorzuziehen ? (S. 19)

Integrationsfragen

Gehen Sie auf wesentliche Unterschiede zwischen Klinischer Psychologie und Psychiatrie ein. (S. 20)

Fragen zu Kapitel 2: Psychische Gesundheit, psychische Krankheit, psychische Störung

Wissensfragen

Was versteht man unter Krankheit ? Definieren Sie Krankheit aus der Sicht von PARSONS. (S. 28 - 30)

Welche Normen kennen Sie ? (S. 31)

Verstehensfragen

Erläutern Sie das "Allgemeinen Krankheitsparadigma". (S. 29 - 32)

Stellen Sie den Prozess der Krankheitsetikettierung dar. (S. 31)

Skizzieren Sie die Grundannahmen biomedizinischer Krankheitsmodelle. (S. 32)

Von welchen Annahmen gehen psychologische und sozialwissenschaftliche Störungsmodelle aus ? (S. 33 - 36)

Wie würden Sie FREUDs Sichtweise von Störung umschreiben ? (S. 33)

Diskutieren Sie den Unterschied zwischen "Verhaltensstörung" und "abweichendem Verhalten". (S. 36)

Analysefragen

Welche Konsequenzen ergeben sich aus medizinischen Krankheitsmodellen ? Welche kritischen Ueberlegungen lassen sich dazu anstellen ? (S. 33 - 36)

Welche Rolle spielen Normen beim Prozess der Krankheitsetikettierung ? (S. 31)

Stellen Sie Probleme dar, welche Sie bezüglich des Zusammenhangs zwischen Normen und Krankheit sehen. (S. 32)

Resümieren Sie Vor- und Nachteile biopsychosozialer Krankheitsmodelle. (S. 32 - 35)

Integrationsfragen

Kontrastieren Sie biomedizinische Krankheitsmodelle mit sozialwissenschaftlichen. (S. 33 - 34)

Erörtern Sie die Bedeutung verschiedener Störungsquellen für psychische Auffälligkeiten. (S. 35 - 36)

Fragen zu Kapitel 3: Epidemiologie

Wissensfragen

Was versteht man unter "Epidemiologie" ? (S. 38)

Definieren Sie "Prävalenz", "Punktprävalenz", "Periodenprävalenz". (S. 40)

Erläutern Sie den Unterschied zwischen "wahrer" Prävalenz und "administrativer (behandelter)" Prävalenz. (S. 40)

Definieren Sie "Inzidenz", "Punktinzidenz", "Periodeninzidenz", "wahre" bzw. "administrative (behandelte)" Inzidenz und "Inzidenzrate". (S. 40)

Erklären Sie den Begriff "relatives Risiko". (S. 40)

Was versteht man unter dem "ökologischen Fehlschluss" ? (S. 42)

Skizzieren Sie die "epidemiologische Trias". (S. 40)

Erläutern Sie "primäre" bzw. "sekundäre" Datenerhebung im Rahmen der Epidemiologie. (S. 43 - 44)

Verstehensfragen

Nennen Sie generelle Aufgaben und Ziele der Epidemiologie und spezifizieren Sie diese hinsichtlich der "deskriptiven" bzw. "analytischen" Epidemiologie. (S. 38 - 39)

Thematisieren Sie die verschiedenen Versorgungsebenen, auf welchen relevante Daten für epidemiologische Studien gewonnen werden können. (S. 44)

Stellen Sie Ueberlegungen an, weshalb die Berücksichtigung der Prävalenz für eine Klärung ätiologischer Fragestellungen problematisch ist. (S. 40)

Durch welche Faktoren wird die Aussagekraft der "administrativen" Prävalenz oder Inzidenz beeinträchtigt ? (S. 40)

Diskutieren Sie Vor- und Nachteile der "primären" bzw. "sekundären" Datenerhebung der Epidemiologie. (S. 43 - 44)

Wie beurteilen Sie die Bedeutung epidemiologischer Daten für die klinisch-psychologische Tätigkeit ? (S. 44; 48)

Integrationsfragen

Diskutieren Sie Forschungsstrategien der Epidemiologie und stellen Sie ihre jeweiligen Stärken und Schwächen dar. (S. 42 - 45; 74)

Fragen zu Kapitel 4: Klassifikation

Wissensfragen

Unterscheiden Sie "Personenklassifikation" und "Merkmalsklassifikation". (S. 50 - 55)

Benennen Sie die Oberkategorien des Kapitels V des ICD-9. (S. 51)

Beschreiben Sie die 5 Achsen des DSM-III-R. (S. 53)

Auf welcher Achse werden klinische Syndrome kodiert ? (S. 53)

Welche Klassifikationssysteme für Kinder kennen Sie ? Geben Sie ein Beispiel und stellen sie dieses kurz dar. (S. 53 - 54)

Analysefragen

Welche Aspekte sind bei der Beurteilung klinischer Klassifikationssysteme wesentlich ? (S. 50)

Wo sehen Sie Schwierigkeiten bezüglich der ICD-9 ? (S. 52)

Diskutieren Sie kritische Aspekte des DSM-III-R. (S. 53 - 54)

Analysieren Sie generelle Probleme im Zusammenhang mit Diagnostik und Klassifikation. (S. 54 - 55)

Welche Forderungen sollten moderne Klassifikationssysteme erfüllen ? (S. 54 - 55)

Welche Möglichkeiten sehen Sie, um die Gütekriterien von Diagnose- und Klassifikationssystemen zu erhöhen ? (S. 54)

Skizzieren Sie Vorgehensweisen, um die Gütekriterien bei Diagnosen und Klassifikationen zu überprüfen. (S. 54)

Diskutieren Sie Vor- und Nachteile dimensionaler Störungsklassifikationen (z.B. sensu EYSENCK). (S. 55)

Integrationsfragen

Welche Rolle spielen Ihrer Meinung nach Diagnostik und Klassifikation in der Klinischen Psychologie ? Diskutieren Sie ihre Bedeutung im Vorfeld therapeutischer Interventionen. (S. 50)

Fassen Sie die wichtigsten Punkte "kategorialer", "dimensionaler" und "typologischer" Klassifikationen zusammen und diskutieren Sie die jeweiligen Vor- und Nachteile dieser Klassifikationssysteme. (S. 50; 55)

Stellen Sie die wichtigsten Merkmale des DSM-III-R dar und kontrastieren Sie das Klassifikationssystem der American Psychiatric Association mit der ICD-9. (S. 51 - 53)

Fragen zu Kapitel 5: Klinisch-psychologische Diagnostik: Allgemeine Gesichtspunkte

---

Wissensfragen

Welche Funktionen der Diagnostik können unterschieden werden ? Erläutern Sie diese. (S. 57 - 58)

Skizzieren Sie Fragestellungen einer interventionsbezogenen Diagnostik. (S. 58)

Nennen Sie Ziele der "Status-" bzw. "Prozessdiagnostik". (S. 59)

Welche Methoden der "Eigenschaftsdiagnostik" kennen Sie ? (S. 59)

Wie sind die Verfahren der Eigenschaftsdiagnostik theoretisch fundiert ? (S. 59)

Skizzieren Sie Methoden der Verhaltensdiagnostik. (S. 60)

Thematisieren Sie die von KANFER & KAROLY (1972) als relevant erachteten Variablenbereiche bei einer Analyse der Beeinflussung von Verhalten. (S. 60)

Welche drei Fragenkomplexe stehen nach KANFER & SASLOW (1965) bei einer Verhaltensanalyse im Zentrum ? (S. 63)

Fassen Sie die verschiedenen von SCHULTE (1986) postulierten Bedingungs-analysen zusammen. (S. 63)

Welche Aspekte sollten in einer multimodalen Diagnostik erfasst werden ? (S. 65)

Unterscheiden Sie verschiedene Datenebenen, welche zur Erfassung menschlichen Verhaltens und Erlebens beachtet werden sollten. (S. 65)

Welche Analyseebenen thematisiert A. LAZARUS (1973) innerhalb seiner multimodalen Verhaltenstherapie ? (S. 65)

Nennen Sie Untersuchungsverfahren zur Erfassung psychologischer Daten. Diskutieren Sie überblicksmässig die Taxonomien von CATTELL bzw. SEIDENSTUECKER & BAUMANN. (S. 66)

Was versteht man unter "Systemdiagnostik" ? (S. 67)

Erläutern Sie den Begriff "Soziodiagnostik". (S. 67)

Verstehensfragen

Inwiefern kann bei der Diagnostik von einem Prozess gesprochen werden ? (S. 58)

Erläutern Sie "Eigenschaftsdiagnostik" und "Verhaltensdiagnostik" als zwei diagnostische Konzepte der Klinischen Psychologie. (S. 59 - 60)

Skizzieren Sie Ziele, Inhalt und Ablauf einer Verhaltensanalyse. (S. 62 - 63)

Wie sieht das verhaltensanalytische Vorgehen nach GRAWE (1980) aus ? (S. 63 - 64)

Analysefragen

Diskutieren Sie Vor- und Nachteile der "Eigenschafts-" bzw. "Verhaltens-diagnostik". (S. 59)

Was unterscheidet die Datengewinnung im Rahmen der "Eigenschaftsdiagnostik" von derjenigen der "Verhaltensdiagnostik" ? (S. 59 - 60)

Welchen Stellenwert messen Sie der computerunterstützten Selbstbeobachtung im Feld bei ? Diskutieren Sie Vor- und Nachteile dieser Methode. (S. 67)

Stellen Sie Ueberlegungen zur Bedeutung der "Soziodiagnostik" im Rahmen der Klinischen Psychologie an. (S. 67)

Mit welchen Schwierigkeiten kann sich der Diagnostiker in der multimodalen Diagnostik konfrontiert sehen ? (S. 69)

Integrationsfragen

Stellen Sie die "Eigenschaftsdiagnostik" der "Verhaltensdiagnostik" gegenüber. Thematisieren Sie die wichtigsten Unterschiede beider Konzepte, ihre Indikationen und jeweiligen Einsatzmöglichkeiten sowie Integrationsmöglichkeiten der beiden Diagnostikstrategien in der Praxis. (S. 60 - 62)

Geben Sie einen Ueberblick über Datenquellen, welche für die Diagnostik relevant sind. (S. 68)

Fragen zu Kapitel 6: Aetiologieforschung, Bedingungsanalyse: Allgemeine Gesichtspunkte

Wissensfragen

Was versteht man unter "Aetiologie" ? (S. 71; 79; 291)

Was bedeutet Multikausalität psychischer Störungen ? (S. 71)

Definieren Sie "Prädisposition". (S. 71)

Stellen Sie die verschiedenen von Von ZERSSEN (1987) thematisierten Verlaufsaspekte psychischer Störungen dar. (S. 72)

Welche bedeutenden Forschungsstrategien und Versuchspläne zur Erforschung der Aetiologie psychischer Störungen kennen Sie ? (S. 74 - 75)

Was versteht man unter "fiktiven Langzeitstudien" ? (S. 74)

Erläutern Sie, was mit "Analogstudien" gemeint ist. (S. 75; Band II: S. 68 - 69)

Verstehensfragen

Unterscheiden und erläutern Sie Abschnitte im Verlauf von psychischen Störungen bzw. mögliche Verläufe. (S. 71 - 73)

Unterscheiden Sie "Akquisitions-" und "Performanzbedingungen". Erläutern Sie ihre Bedeutung für das Verständnis psychischer Störungen. (S. 71 - 73)

Grenzen Sie "Vulnerabilität" von "Prädisposition" ab. (S. 71 - 72)

Welche Bedeutung messen Sie dem Wissen um Performanzbedingungen bei ? (S. 73)

Thematisieren Sie die Bedeutung von "Akquisitions-" und "Performanz-bedingungen" im Kontext von Verhaltensanalysen. (S. 73)

Welche Validitätsarten sollten bei Analogstudien speziell berücksichtigt werden ? (S. 75)

Analysefragen

Wo sehen Sie Schwierigkeiten bei einer Postulierung kausaler Zusammenhänge zwischen kritischen Lebensereignissen oder chronischen Stressoren und dem Auftreten psychischer Störungen ? (S. 72)

Welche Bedeutung kommt dem "Akquisitionswissen" im Rahmen der Klinischen Psychologie für das Verständnis von Störungen und Interventionen zu ? (S. 73)

Genügt es Ihrer Meinung nach, ausschliesslich schädigende Bedingungen, welche für eine Verhaltensstörung relevant erscheinen, zu erfassen ? Welche weiteren Faktoren sollten zusätzlich einbezogen und analysiert werden ? (S. 73)

Diskutieren Sie Stärken und Schwächen von "Longitudinalstudien", "fiktiven Langzeitstudien", "Retrospektiv-" bzw. "Analogstudien". (S. 74)

Fragen zu Kapitel 7: Wissenschaftstheoretische Grundbegriffe für Klassifikation, Aetiologie und Diagnostik

Wissensfragen

Diskutieren Sie Ziele und Inhalt der Wissenschaftstheorie. (S. 77)

Was versteht man unter "Extension" und "Intension" im Rahmen von Klassifikationssystemen ? (S. 78)

Welche Bedingungen muss ein "Explikat" erfüllen, um als adäquater Begriff für ein "Explikandum" zu gelten ? (S. 78)

Resümieren Sie Arten von Gesetzesannahmen. (S. 79)

Erläutern Sie die Begriffe "Explanans" und seine Komponenten sowie das "Explikandum". (S. 80)

Was versteht man unter "dispositionellen Erklärungen" ? Welche anderen Erklärungstypen kennen Sie ? (S. 80 - 85)

Erklären Sie den Begriff: "Manifestationsgesetz". (S. 81 - 82)

Welche Funktionen hat die Diagnostik aus wissenschaftstheoretischer Sicht ? (S. 85 - 86)

Verstehensfragen

Wie sieht die Wissenschaftstheorie psychologische Klassifikation ? (S. 78)

Erläutern Sie den Vorgang der Explikation. (S. 78)

Beschreiben Sie das "deduktiv-nomologische Erklärungsschema" von HEMPEL & OPPENHEIM (1948) theoretisch und anhand eines Beispiels. (S. 80 - 81)

Wie lässt sich der Begriff der Diagnose auf der Grundlage des deduktiv-nomologischen Erklärungsschemas von HEMPEL & OPPENHEIM explizieren ? (S. 85 - 86)

Analysefragen

Was kann wissenschaftstheoretisch bezüglich der Klassen des DSM-III-R ausgesagt werden ? (S. 79)

Genügen die üblicherweise in der Klinischen Psychologie verfügbaren Erklärungsargumente für "deduktiv-nomologische Erklärungen" ? (S. 80)

Welchen Problemen sehen wir uns bei "Wie-es-möglich-war-dass-Erklärungen" gegenüber ? (S. 83)

Welche Rolle spielen "unvollkommene Erklärungen" in der Klinischen Psychologie ? (S. 84 - 85)

Integrationsfragen

Mit welchem Erklärungstyp argumentiert die Psychoanalyse hauptsächlich ? Welche Gründe lassen sich dafür finden ? (S. 84 - 85)

Fragen zu Teil A: Grundlagen: Störungsübergreifende Aspekte

Wissensfragen

Was versteht man unter Klinischer Psychologie ? (S. 19)

Diskutieren Sie verschiedene Normbegriffe und ihre Bedeutung bei einer Definition psychischer Störungen. (S. 31)

Was versteht man unter "Epidemiologie" ? (S. 38)

Definieren Sie "Prävalenz" und "Inzidenz". Welche Arten der Prävalenz bzw. Inzidenz können unterschieden werden ? Erläutern Sie diese. (S. 40)

Nennen Sie wesentliche Charakteristika der "Personen-" bzw. "Merkmals-klassifikation". (S. 50 - 55)

Beschreiben Sie das DSM-III-R. Auf welchen Achsen werden klinische Syndrome, Persönlichkeits- und Entwicklungsstörungen, körperliche Störungen bzw. anderweitige Informationen kodiert ? (S. 53)

Thematisieren Sie Funktionen der psychologischen Diagnostik. (S. 57 - 58)

Nennen Sie Ziele der "Status-" bzw. der "Prozessdiagnostik". (S. 59)

Welche Methoden der "Eigenschafts-" bzw. "Verhaltensdiagnostik" kennen Sie ? (S. 59 - 60)

Welche drei Fragenkomplexe stehen nach KANFER & SASLOW (1965) im Mittelpunkt der verhaltenstherapeutischen Diagnostik und Therapieplanung ? (S. 63)

Was versteht man unter "Aetiologie" ? (S. 71; 79; 291)

Welche Forschungsstrategien und Versuchspläne zur Erforschung der Aetiologie psychischer Störungen sind Ihnen bekannt ? (S. 74 - 75)

Was versteht man unter "Extension" und "Intension" im Rahmen von Klassifikationssystemen ? (S. 78)

Resümieren Sie Arten von Gesetzesannahmen im Rahmen des deduktiv-nomologischen Erklärungsschemas von HEMPEL & OPPENHEIM. (S. 79)

Erläutern Sie die Begriffe: "Explanans" und seine Komponenten sowie das "Explikandum". Veranschaulichen Sie die Begriffe anhand eines Beispiels. (S. 80)

Welche wissenschaftstheoretischen Erklärungstypen kennen Sie ? (S. 80 - 85)

Verstehensfragen

Systematisieren Sie störungsübergreifende und störungsbezogene Teilgebiete der Klinischen Psychologie. (S. 22 - 23)

Erläutern Sie die Grundannahmen biomedizinischer bzw. sozial-wissenschaftlicher Krankheitsmodelle. (S. 32 - 36)

Thematisieren Sie Ziele, Inhalt und Methoden der Epidemiologie und spezifizieren Sie diese hinsichtlich der "deskriptiven" bzw. "analytischen" Epidemiologie. (S. 38 - 39)

Welche relevanten Informationen werden mittels der Verhaltensanalyse gewonnen ? In welchem Zusammenhang stehen diese diagnostischen Erkenntnisse zur Therapieplanung ? (S. 62 - 63)

Unterscheiden und erläutern Sie Abschnitte im Verlauf psychischer Störungen. (S. 71 - 72)

Erläutern Sie die Bedeutung von "Akquisitions-" und "Performanzbedingungen" für das Verständnis psychischer Störungen und entsprechende Interventionen. (S. 71 - 73)

Grenzen Sie "Vulnerabilität" von "Prädisposition" ab. (S. 71 - 72)

Wie versteht die Wissenschaftstheorie psychologische Klassifikation ? (S. 78)

Beschreiben Sie das "deduktiv-nomologische Erklärungsschema" von HEMPEL & OPPENHEIM (1948) und erklären Sie es anhand eines Beispiels. (S. 80)

Analysefragen

Inwiefern ist es günstiger von "psychischen Störungen" als von "psychischen Krankheiten" zu sprechen ? Diskutieren Sie diese Fragestellung im Lichte verschiedener Theorien. (S. 19; 318 - 321)

Welche Rolle spielen Normen beim Prozess der Krankheitsetikettierung ? Inwiefern ist es problematisch, für die Definition von Störungen statistische Normen zugrunde zu legen ? (S. 31)

Diskutieren Sie Vor- und Nachteile biopsychosozialer Krankheitsmodelle. (S. 32 - 35)

Stellen Sie Ueberlegungen an, weshalb die Prävalenz wenig zur Klärung ätiologischer Fragestellungen beitragen kann. (S. 40)

Wie beurteilen Sie die Bedeutung epidemiologischer Daten für die klinisch-psychologische Tätigkeit ? (S. 44; 48)

Welche Funktionen haben Ihrer Meinung nach Diagnostik und Klassifikation in der Klinischen Psychologie ? Diskutieren Sie ihre Bedeutung im Vorfeld therapeutischer Interventionen. (S. 50)

Erörtern Sie die wichtigsten Aspekte des DSM-III-R und vergleichen Sie es mit dem ICD-9. (S. 51 - 53)

Welche Kritikpunkte können bezüglich des DSM-III-R bzw. ICD-9 angeführt werden ? Wo sehen Sie nutzbringende Aspekte bzw. Schwierigkeiten solcher Klassifikationssysteme ? (S. 53 - 54)

Thematisieren Sie generelle Probleme im Zusammenhang mit Diagnostik und Klassifikation. (S. 54 - 55)

Welche Möglichkeiten sehen Sie, um die Gütekriterien von Diagnose- und Klassifikationssystemen zu erhöhen ? (S. 54)

Diskutieren Sie Vor- und Nachteile der "Eigenschafts-" bzw. "Verhaltens-diagnostik". (S. 59)

Worin unterscheidet sich die Datengewinnung der "Eigenschaftsdiagnostik" von derjenigen der "Verhaltensdiagnostik" ? (S. 59 - 60)

Diskutieren Sie Vor- und Nachteile einer computerunterstützten Selbstbeobachtung im Feld gegenüber herkömmlicher Diagnostik im Labor oder mittels Fragebögen. (S. 67)

Welche Rolle spielt "Akquisitions-" bzw. "Performanzwissen" im Rahmen der Klinischen Psychologie ? (S. 73)

Wo sehen Sie Schwierigkeiten bei einer Postulierung kausaler Zusammenhänge zwischen kritischen Lebensereignissen oder chronischen Stressoren und dem Auftreten psychischer Störungen ? (S. 72)

Diskutieren Sie Stärken und Schwächen von "Longitudinal-" bzw. "Analogstudien". (S. 74 - 75)

Was kann wissenschaftstheoretisch bezüglich der Klassen des DSM-III-R ausgesagt werden ? (S. 79)

Genügen die üblicherweise in der Klinischen Psychologie verfügbaren Erklärungs-argumente für deduktiv-nomologische Erklärungen ? (S. 80)

Welchen Problemen sehen wir uns bei "Wie-es-möglich-war-dass-Erklärungen" gegenüber ? (S. 83)

Welche Rolle spielen "unvollkommene Erklärungen" in der Klinischen Psychologie ? (S. 84 - 85)

Integrationsfragen

Fassen Sie die wichtigsten Punkte "kategorialer", "dimensionaler" und
"typologischer" Klassifikationen zusammen und diskutieren Sie die jeweiligen Vor-
und Nachteile der einzelnen Klassifikationssystems. (S. 50; 55)

Anwendungsbeispiel

Kurt fällt in letzter Zeit in der Schule vermehrt unangenehm auf. Häufig
kommt er verspätet in den Unterricht, folgt den Ausführungen des Lehrers
nicht, scheint abwesend und unkonzentriert. Seine Schulleistungen haben
sich gegenüber früher drastisch verschlechtert; auch hat er keine Freude
an der Schule mehr. Dazu zeigt er ein läppisches, kindisches Benehmen.
Wird er vom Lehrer aufgefordert, an der Wandtafel z.B. eine Rechen-
aufgabe zu lösen, beginnt er zu zittern, spürt, wie ihn die Angst
überkommt, er befürchtet, sich zu blamieren, vom Lehrer und den
Mitschülern ausgelacht zu werden. Doch die sollen's nicht merken, denkt
er, schneidet gegen aussen eine Grimasse und spielt den Clown. Die
ganze Klasse lacht jeweils, während der Lehrer sich erbost und ihn
scheltet. Zu hause weint Kurt häufig. Wenn er seiner Mutter erzählt, dass
ihn der Lehrer zurechtgewiesen habe, tröstet Sie ihn, ermutigt ihn aber
gleichzeitig, mehr zu lernen und die Schule ernst zu nehmen.

Wie diagnostizieren Sie das Verhalten von Kurt ? Handelt es sich um eine
psychische Störung ?

Diskutieren Sie, von welchen Normen das Verhalten von Kurt abweicht.

Welche diagnostischen Möglichkeiten sehen Sie, um Kurt psychologisch
abzuklären ? Welche Datenquellen würden Sie beanspruchen ?

Wie sähe eine Verhaltensanalyse dieses Fallbeispiels aus ? Diskutieren Sie
auslösende und aufrechterhaltende Bedingungen.

Reinterpretieren Sie das Fallbeispiel anhand des HEMPEL-OPPENHEIM-Schemas.

Welche Erklärungstypen innerhalb des HEMPEL-OPPENHEIM-Schemas ziehen
Sie zu ?

Fragen zu Kapitel 8: Psychomotorik: Klassifikation und Diagnostik

Wissensfragen

Welche psychomotorischen Störungen können unterschieden werden ? (S. 90 - 91)

Was versteht man unter dem "hyperkinetischen Syndrom" ? (S. 90)

Welche Formen des Stotterns sind Ihnen bekannt ? (S. 90)

Beschreiben Sie die Hauptmerkmale von "Tics". (S. 90)

Was versteht man unter dem "Gilles de la Tourette-Syndrom" ? (S. 90)

Durch welche motorischen Auffälligkeiten zeichnet sich das "Parkinson-Syndrom" aus ? (S. 91)

Nennen Sie Tests für eine Diagnostik des motorischen Entwicklungsstandes. (S. 91)

Analysefragen

Was lässt sich bezüglich der klassischen Testgütekriterien bei psychomotorischen Tests aussagen ? (S. 91 - 92)

Fragen zu Kapitel 9: Gedächtnis: Klassifikation und Diagnostik

Wissensfragen

Was versteht man unter "Gedächtnis" ? Resümieren Sie zentrale Definitionsaspekte. (S. 93)

Beschreiben Sie den Prozess der gezielten Einspeicherung. (S. 93)

Resümieren Sie Merkmale der "unterschwelligen Wahrnehmung" und ihre Auswirkungen auf Gedächtnisprozesse. (S. 93)

Unterscheiden Sie verschiedene Arten von Gedächtnisinhalten. (S. 94)

Was lässt sich bezüglich der Störungsanfälligkeit der verschiedenen Gedächtnisformen aussagen ? (S. 94)

Welches sind die drei wichtigsten Leistungsdimensionen des menschlichen Gedächtnisses ? (S. 95)

Unterscheiden Sie "Vergessen" und "Gedächtnisstörung" und ihre Ursachen. (S. 95)

Was versteht man unter "anterograden", "retrograden", "global transitorischen" und "posthypnotischen Amnesien" ? (S. 96)

Welche Formen von Gedächtnisleistungstests lassen sich unterscheiden ? Beschreiben Sie einzelne Verfahren und ihre Zielsetzungen. (S. 97)

Verstehensfragen

In welchem Verhältnis stehen Gedächtnis und Aufmerksamkeit ? (S. 93)

Welche Gedächtnissysteme lassen sich nach zeitlichen Kriterien differenzieren ? Beschreiben Sie die einzelnen Systeme. (S. 93 - 94)

Nennen Sie wichtige Gedächtnismodelle, welche zur Zeit von einschlägigen Fachleuten diskutiert werden. (S. 94)

Erläutern Sie "Vergessen" oder "Gedächtnisstörungen des Typs A bzw. B" anhand von Beispielen. (S. 95 - 96)

Analysefragen

Wie lässt sich das Phänomen der "Verdrängung" in der neueren Gedächtnispsychologie erklären ? (S. 97)

Wie liessen sich Erweiterungen oder Verbesserungen der gängigen Gedächtnisleistungstests denken ? (S. 99)

Fragen zu Kapitel 10: Lernen: Klassifikation und Diagnostik

Wissensfragen

Welche Formen von Lernstörungen werden üblicherweise unterschieden ? Veranschaulichen Sie diese an Beispielen. (S. 101 - 102)

Was versteht man unter "erhöhter" versus "erniedrigter" "Konditionierbarkeit" und "Habituation" ? Welche Rolle spielen sie bei Lernstörungen ? (S. 102)

Welche diagnostischen Verfahren zur Abklärung von Lernstörungen kennen Sie ? (S. 102)

Verstehensfragen

Stellen Sie dar, wie "Konditionierbarkeit", "Löschungsresistenz", "Habituationsfähigkeit" und "Generalisierungsbereitschaft" einer Person diagnostisch erfasst werden können. (S. 103)

Analysefragen

Wie können diagnostische Daten zu individuell abnormen Lernvoraussetzungen sinnvoll interpretiert werden ? (S. 103)

Fragen zu Kapitel 11: Denken/Problemlösen: Klassifikation und Diagnostik

Wissensfragen

Wie lässt sich ein "Problem" charakterisieren ? (S. 104; 204)

Was versteht man unter "Störungen im Problemlöseprozess" ? Welche Phasen des Problemlöseprozesses können bei Störungen im Problemlöseprozess ungünstig verlaufen ? (S. 104)

Was versteht man unter "Denkstörungen" ? Welche Subformen kennen Sie ? (S. 105)

Referieren Sie Möglichkeiten, um Denk- und Problemlösestörungen diagnostisch zu erfassen. (S. 107)

Verstehensfragen

Welche Faktoren können bei Problemlösestörungen eine Rolle spielen ? (S. 105)

Analysefragen

Wie hängen Problemlösefähigkeit, psychische Gesundheit und Störungen zusammen ? (S. 105)

Fragen zu Kapitel 12: Emotion: Klassifikation und Diagnostik

Wissensfragen

Auf welchen Analyseebenen lassen sich Emotionen beschreiben ? (S. 108)

Was versteht man unter Emotionsstörungen ? (S. 108)

Welche Formen von Emotionsstörungen können unterschieden werden ? (S. 108)

Nach welchen Dimensionen lassen sich emotionale Störungen klassifizieren ? (S. 108)

Geben Sie Beispiele für "kognitiv spezifische" versus "kognitiv unspezifische" Emotionen. (S. 108)

Resümieren Sie diagnostische Methoden zur Erfassung emotionaler Störungen. (S. 109 - 110)

Analysefragen

Welche Probleme sehen Sie bei Definitionen von Emotionen ? (S. 108)

Schildern Sie Schwierigkeiten der Emotionsdiagnostik. (S. 110).

Fragen zu Kapitel 13: Motivation: Klassifikation und Diagnostik

Wissensfragen

Was bedeutet "Motivation" ? Referieren Sie Definitionen. (S. 111; 235)

Erklären Sie die Begriffe "deklarative" und "prozedurale" Motivation. (S. 111)

Was versteht man unter "Volition" ? (S. 111)

Differenzieren Sie die verschiedenen Motivationsarten nach inhaltlichen Kriterien. (S. 111)

Nach welchen Dimensionen können Motivationsstörungen klassifiziert werden ? (S. 111)

Verstehensfragen

Nennen Sie ein Beispiel einer im klinischen Kontext relevanten Motivationsstörung. (S. 112)

Analysefragen

Welche Rolle spielen Motivationsstörungen bei Depressionen, Manien, Zwangsneurosen ? (S. 112)

Diskutieren Sie Vor- und Nachteile der Motivationsdiagnostik mittels projektiver Verfahren. (S. 112)

Wo sehen Sie Schwierigkeiten bei einer Motivationsanalyse anhand von Verhaltensbeobachtung ? (S. 113)

Wie bewerten Sie die aktuelle Motivationsdiagnostik ? (S. 113)

Integrationsfragen

Geben Sie einen Ueberblick über Instrumente der Motivationsdiagnostik. Nehmen Sie kritisch Stellung zu diesen Verfahren. (S. 112 - 113)

Fragen zu Kapitel 14: Schlaf: Klassifikation und Diagnostik

Wissensfragen

Welche Hauptgruppen von Schlafstörungen unterscheidet das DSM-III-R ? (S. 114)

Worin liegt der Unterschied zwischen "Dyssomnien" und "Parasomnien" ? (S. 114)

Was versteht man unter "Insomnie" und "Hypersomnie". (S. 114)

Verstehensfragen

Erläutern Sie verschiedene Verfahren der Diagnostik von Schlafstörungen und beschreiben Sie ihren Stellenwert bei der Abklärung. (S. 114 - 115)

Fragen zu Teil B: Klassifikation und Diagnostik Teil I: Störungen psychischer Funktionen

Wissensfragen

Welche psychomotorischen Störungen kennen Sie ? Wie können diese diagnostisch erfasst werden ? (S. 90 - 91)

Resümieren Sie Merkmale der "unterschwelligen Wahrnehmung" und ihre Auswirkungen auf Gedächtnisprozesse. (S. 93)

Welche Arten von Gedächtnisinhalten können unterschieden werden ? (S. 94)

Nennen Sie die drei wichtigsten Leistungsdimensionen des menschlichen Gedächtnisses. (S. 95)

Unterscheiden Sie "Vergessen" und "Gedächtnisstörung". (S. 95)

Welche verschiedenen Amnesietypen sind Ihnen bekannt ? (S. 96)

Veranschaulichen Sie bekannte Formen von Lernstörungen anhand von Beispielen. (S. 101 - 102)

Was versteht man unter "erhöhter" versus "erniedrigter" "Konditionierbarkeit" bzw. "Habituation" ? (S. 102)

Wie manifestieren sich Denkstörungen ? Welche Subformen kennen Sie ? (S. 105)

Auf welchen Analyseebenen lassen sich Emotionen beschreiben ? (S. 108)

Was versteht man unter Emotionsstörungen ? Welche Formen von Emotionsstörungen können unterschieden werden ? Wie lassen sie sich diagnostisch erfassen ? (S. 108 - 110)

Definieren Sie "Motivation". (S. 111; 235)

Nach welchen Dimensionen können Motivationsstörungen klassifiziert werden ? (S. 111)

Welche Hauptgruppen von Schlafstörungen differenziert das DSM-III-R ? (S. 114)

Verstehensfragen

Kategorisieren Sie Gedächtnissysteme nach zeitlichen Kriterien. Beschreiben Sie die einzelnen Systeme. (S. 93 - 94)

Nennen Sie wichtige Gedächtnismodelle, welche zur Zeit von einschlägigen Fachleuten diskutiert werden. (S. 94)

Welche Rolle spielen "Konditionierbarkeit" bzw. "Habituation" bei Lernstörungen ?
(S. 102)

Resümieren Sie diagnostische Methoden zur Erfassung emotionaler Störungen.
(S. 109 - 110)

Geben Sie ein Beispiel einer im klinischen Kontext relevanten Motivationsstörung.
Wie können Motivationsstörungen diagnostisch abgeklärt werden ? (S. 112 - 113)

Erläutern Sie verschiedene Verfahren der Diagnostik von Schlafstörungen und
beschreiben Sie ihren Stellenwert bei der Abklärung. (S. 114 - 115)

Analysefragen

Wie lässt sich das Phänomen der "Verdrängung" in der neueren Gedächtnispsychologie erklären ? (S. 97)

Wie hängen Problemlösefähigkeit, psychische Gesundheit und Störungen
zusammen ? Diskutieren Sie die Vernetzung am Beispiel der Depression.
(S. 105)

Welche Rolle spielen Motivationsstörungen bei Depressionen, Manien,
Zwangsneurosen ? (S. 112)

Anwendungsbeispiel

Herr Ruffio ist Bauarbeiter, 33 Jahre alt, verheiratet und Vater zweier
Kinder. Vor sieben Jahren kam er erstmals als Gastarbeiter in die
Schweiz, wo er seither in verschiedenen Firmen gearbeitet hat. Seine
Frau und Kinder blieben während dieser Zeit in Süditalien, da sie keine
längerfristigen Aufenthaltsbewilligungen erhielten. Dadurch beschränkten
sich die Kontakte auf die seltenen Wiedersehen zweimal jährlich. Der
Plan, möglichst schnell genügend Geld zu verdienen, um sich in Italien
ein eigenes Haus zu kaufen, wurde in letzter Zeit in Frage gestellt, da
Herr Ruffio gesundheitliche Probleme bekam und nur noch teilweise
arbeitsfähig war. Schwere Knieschmerzen behinderten ihn seit Monaten,
ohne dass sich bei wiederholten, umfassenden medizinischen Untersuchungen pathologische Befunde gezeigt hätten. Der Ratschlag des
Arztes, nach vergeblicher Medikation, sich bei einem Psychiater zu
melden, wurde von Herrn Ruffio mit einem Wutanfall beantwortet.
Inzwischen ist er ganz arbeitsunfähig. Er fühlt sich als Versager, hat den
Kontakt zu seiner Familie abgebrochen und drohte bereits mehrmals mit
Suizid.

Diagnostizieren Sie Herrn Ruffio nach DSM-III-R. Stellen Sie seinen Fall auf den Achsen des DSM-III-R dar.

Welche diagnostischen Methoden würden Sie einsetzen?

Welche Erklärungsansätze für die Problematik sehen Sie?

Erläutern Sie das Fallbeispiel anhand des HEMPEL-OPPENHEIM-Schemas.

Fragen zu Kapitel 15: Neurosen: Klassifikation und Diagnostik

Wissensfragen

Was versteht man unter "Neurosen"? (S. 118 - 119)

Welche Neurosentypen unterscheidet das ICD-9? (S. 120)

Welche Störungen subsumiert das DSM-III-R unter "neurosen-äquivalente" Störungen? (S. 120 - 121)

Welche Verfahren zur Diagnostik der "neurotischen" Persönlichkeit, Befindlichkeit und Beschwerden kennen Sie? (S. 122 - 125)

Zählen Sie die neun Symptomdimensionen der "Selbstrating Symptom Checklist 90" auf. (S. 123)

Analysefragen

Diskutieren Sie den Neurose-Begriff. Wo sehen Sie Schwierigkeiten, wo Vorteile bei einer Verwendung dieses Terminus? (S. 118 - 119)

Wodurch könnte die Objektivität und Reliabilität der Neurosendiagnostik im ICD-9 oder DSM-III-R verbessert werden? (S. 121 - 122)

Wie beurteilen Sie die diagnostische Relevanz von Selbstrating- und Fremdratingverfahren im Bereich der Neurosen? (S. 123 - 125)

Welche Aussagen lassen sich generell über die Objektivität, Reliabilität und Validität der meisten Verfahren zur Diagnostik von Neurosen und deren Subformen machen? (S. 123 - 125)

Fragen zu Kapitel 16: Depressive Störungen: Klassifikation und Diagnostik

Wissensfragen

Wodurch charakterisiert sich Depression als Symptom? (S. 127)

Beschreiben Sie die Symptomatik der Depression im Sinne eines klinischen Syndroms. (S. 127)

Welche Formen depressiver Störungen können unterschieden werden? (S. 127)

Nach welchen Kriterien lassen sich Depressionen klassifizieren? (S. 127)

Nennen Sie die, vom DSM-III-R vorgenommenen Unterteilungen affektiver Störungen. (S. 128)

Wie lauten die diagnostischen Kriterien für eine Episode einer "Major Depression" nach DSM-III-R ? (S. 128)

Welche diagnostischen Möglichkeiten zur Erfassung depressiver Störungen kennen Sie ? (S. 129)

Analysefragen

Inwiefern ist eine Dichotomisierung depressiver Störungen in "endogen" versus "reaktiv" problematisch ? (S. 127)

Wie beurteilen Sie den Klassifikationsversuch depressiver Störungen nach ICD-9 ? (S. 128)

Fragen zu Kapitel 17: Psychosomatische Störungen: Klassifikation und Diagnostik

Wissensfragen

Welche Störungen lassen sich unter psychosomatische Störungen (im engeren Sinn) subsumieren ? Geben Sie Beispiele. (S. 131; 133)

Auf welcher Achse werden psychosomatische Störungen im DSM-III-R kodiert ? (S. 132)

Unterscheiden Sie "Körperlicher Zustand, bei dem psychische Faktoren eine Rolle spielen" und "Somatoforme Störungen" im DSM-III-R. (S. 132 - 133).

Welche Subformen der "Somatoformen Störungen" differenziert das DSM-III-R ? (S. 132 - 133)

Wodurch charakterisiert sich "Typ-A-Verhalten" ? (S. 134)

Was bedeutet der Begriff "Alexithymie" ? (S. 134)

Wie erklären psychophysiologische Ansätze psychosomatische Störungen ? (S. 135)

Verstehensfragen

Skizzieren Sie wichtige Erklärungsansätze zur Genese psychosomatischer Störungen und nennen Sie in diesem Rahmen entwickelte diagnostische Verfahren. (S. 134 - 135)

Welche Beziehung wird zwischen Persönlichkeitsmerkmalen und der Entwicklung von psychosomatischen Störungen angenommen ? (S. 134)

Analysefragen

Wie beurteilen Sie die empirische Absicherung des Typ-A-Verhaltens und seine klinische Relevanz ? (S. 134)

Wie stellen Sie sich zur These, dass kritische Lebensereignisse mit psychosomatischen Störungen in Zusammenhang stehen können ? (S. 135 - 136)

Integrationsfragen

Wie lässt sich der gegenwärtige Stand der Diagnostik psychosomatischer Störungen zusammenfassen ? (S. 136)

Fragen zu Kapitel 18: Schizophrene Störungen: Klassifikation und Diagnostik

Wissensfragen

Welche Störungen kennzeichnen nach ICD-9 die Kategorie "schizophrene Psychose" ? (S. 137)

Welche Unterteilung der Schizophrenie wird im DSM-III-R vorgenommen ? (S. 138)

Nennen Sie häufige Differentialdiagnosen zu schizophrenen Störungen und die im DSM-III-R dafür festgelegten Entscheidungsregeln. (S. 137)

Welche psychotischen Symptome charakterisieren nach DSM-III-R die floride Phase einer schizophrenen Störung ? (S. 138)

Welche Kriterien nennt das DSM-III-R, um Halluzinationen als charakteristisch für schizophrene Psychosen zu werten ? (S. 138)

Neben charakteristischen psychotischen Symptomen (A) nennt das DSM-III-R weitere Bedingungen für die Kategorisierung schizophrener Störungen. Welche sind dies ? (S. 138)

Welche diagnostischen Verfahren sind für die Abklärung schizophrener Störungen geeignet ? (S. 138 - 139)

Analysefragen

Nennen Sie Vorteile und Schwierigkeiten von Klassifikationsversuchen schizophrener Störungen. (S. 137)

Fragen zu Kapitel 19: Störungen durch psychotrope Substanzen: Klassifikation und Diagnostik

Wissensfragen

Formulieren Sie die entscheidenden Definitionskriterien für "Störungen durch psychotrope Substanzen". (S. 140)

Welche Kriterien müssen nach DSM-III-R erfüllt sein, damit von "Substanzmissbrauch" bzw. "Substanzabhängigkeit" gesprochen werden kann ? (S. 140)

Wie werden "Polytoxikomanien" im DSM-III-R kodiert ? (S. 141)

Welche Substanzklassen werden im DSM-III-R, welche im ICD-9 unterschieden ? (S. 141; 142)

Auf welchen Achsen werden im DSM-III-R "Störungen durch psychotrope Substanzen" und deren Folgeerscheinungen klassifiziert ? (S. 141)

Auf welche diagnostischen Mittel rekurriert die Diagnostik der "Substanzabhängigkeit" bzw. des "Substanzmissbrauchs" ? (S. 141)

Nennen Sie Verfahren zur Diagnostik von "Alkoholabhängigkeit". (S. 142)

Verstehensfragen

Welche Informationen sollten für eine Beurteilung des Missbrauchs bzw. der Abhängigkeit von Substanzen eingeholt werden ? (S. 142)

Fragen zu Kapitel 20: Verhaltens- und Entwicklungsstörungen bei Kindern und Jugendlichen: Klassifikation und Diagnostik

Wissensfragen

Welche Störungen lassen sich unter "unterkontrolliertes" bzw. "überkontrolliertes" Verhalten subsumieren ? (S. 144 - 145)

Geben Sie einen Ueberblick über Störungen, welche unter Verhaltensstörungen diskutiert werden. (S. 144 - 146)

Was versteht man unter dem "hyperkinetischen Syndrom" ? (S. 145)

Wie wird das "hyperkinetische Syndrom" im DSM-III-R klassifiziert ? (S. 145)

Führen Sie Merkmale von Aggressionsstörungen auf. (S. 145)

Wodurch ist nach DSM-III-R eine "Störung mit Trennungsangst" gekennzeichnet ? (S. 146)

Referieren Sie die Hauptmerkmale der "Störungen mit Ueberängstlichkeit", der "Störungen mit Kontaktvermeidung" und des "elektiven Mutismus". (S. 146)

Welche drei Formen von Entwicklungsstörungen werden im DSM-III-R unterschieden ? Illustrieren Sie die jeweilige Art anhand von Beispielen. (S. 147)

Welche Kriterien definieren nach dem DSM-III-R "autistische Störungen" ? (S. 147)

Unter welche Oberkategorie werden "Sprach- und Sprechstörungen", "Störungen in schulischen Fertigkeiten" und "Störungen motorischer Fertigkeiten" im DSM-III-R subsumiert ? (S. 147)

Nennen Sie Verfahren zur Abklärung autistischer Störungen. (S. 149)

Verstehensfragen

Charakterisieren Sie Verhaltens- und Entwicklungsstörungen und zeigen Sie Unterschiede zwischen den beiden Störungsarten auf. (S. 144)

Grenzen Sie Aggression von Trotzreaktionen in der frühen Kindheit ab. (S. 145 - 146)

Welches diagnostische, mehrstufige Vorgehen bei der Diagnostik von Verhaltenstörungen postuliert PETERMANN ? (S. 148)

Analysefragen

Diskutieren Sie Klassifikationssysteme unter dem Gesichtspunkt der Klassifikation von Störungen im Kindes- und Jugendalter. (S. 144)

Fragen zu Kapitel 21: Störungen im Alter: Klassifikation und Diagnostik

Wissensfragen

Durch welche Beeinträchtigungen charakterisieren sich "Demenzen" ? (S. 150)

Welche Formen von "Demenzen" können unterschieden werden ? (S. 150)

Thematisieren Sie häufige psychogene Auslöser von Störungen im Alter. (S. 150)

Welche Testverfahren zur Bestimmung der kognitiven Leistungsfähigkeit bzw. der Lebenszufriedenheit im Alter werden häufig angewendet ? (S. 151)

Skizzieren Sie den "Fragebogen psychischer und somatischer Beschwerden älterer Menschen". (S. 152)

Verstehensfragen

Beschreiben Sie den Verlauf der "primär degenerativen" bzw. "Multi-Infarkt-Demenz". (S. 150)

Integrationsfragen

Machen Sie Aussagen über die Häufigkeit (Prävalenz) verschiedener psychischer Störungen (Demenz, Depressionen, somatoforme Störungen, etc.) im Alter. Unterscheidet sich die Prävalenz dieser Störungen gegenüber derjenigen jüngerer Populationen ? (S. 150)

Wie können Depressionen im Alter im Lichte psychologischer Theorien interpretiert werden ? (S. 150; 288 - 335)

Fragen zu Teil B: Klassifikation und Diagnostik Teil II: Störungen von Funktionsmustern

Wissensfragen

Was versteht man unter "Neurosen" ? Wie werden sie im DSM-III-R kodiert ? (S. 118 - 121)

Beschreiben Sie die Symptomatik der Depression im Sinne eines klinischen Syndroms. (S. 127)

Welche Unterteilungen affektiver Störungen nimmt das DSM-III-R vor ? (S. 128)

Wie lauten die diagnostischen Kriterien für eine Episode einer "Major Depression" ? Welche Haupt- und Nebenmerkmale sind für die Diagnose einer "Major Depression" erforderlich ? (S. 128)

Welche diagnostischen Möglichkeiten zur Erfassung depressiver Störungen kennen Sie ? (S. 129)

Welche Störungen lassen sich unter psychosomatische Störungen (im engeren Sinn) subsumieren ? Nennen Sie Beispiele. (S. 131; 133)

Welche Subformen der "Somatoformen Störungen" differenziert das DSM-III-R ? Auf welchen Achsen werden diese Störungen kodiert ? (S. 132 - 133)

Wodurch charakterisiert sich "Typ-A-Verhalten" ? (S. 134)

Resümieren Sie die vom DSM-III-R vorgenommenen Unterteilungen der Schizophrenie. (S. 138)

Welche psychotischen Symptome charakterisieren nach DSM-III-R die floride Phase einer schizophrenen Störung ? (S. 138)

Welche Substanzklassen werden im DSM-III-R, welche im ICD-9 unterschieden ? (S. 141; 142)

Auf welchen Achsen werden im DSM-III-R "Störungen durch psychotrope Substanzen" und deren Folgeerscheinungen beschrieben ? (S. 141)

Welche Störungen lassen sich unter "unterkontrolliertes" bzw. "überkontrolliertes" Verhalten subsumieren ? (S. 144 - 145)

Geben Sie einen Ueberblick über häufige Verhaltensstörungen bei Kindern und Jugendlichen. (S. 144 - 146)

Was versteht man unter dem "hyperkinetischen Syndrom" ? Wie wird diese Störung im DSM-III-R klassifiziert ? (S. 145)

Welche Kriterien definieren nach DSM-III-R "autistische Störungen" ? (S. 147)

Nennen Sie Formen von "Demenzen" und diagnostische Möglichkeiten, um diese Störungen zu erfassen. (S. 150 - 151)

Verstehensfragen

Skizzieren Sie wichtige Erklärungsansätze zur Genese psychosomatischer Störungen und nennen Sie in diesem Rahmen entwickelte diagnostische Verfahren. (S. 134 - 135)

Welche Beziehung wird zwischen Persönlichkeitsmerkmalen und der Entwicklung psychosomatischer Störungen angenommen ? (S. 134)

Charakterisieren Sie Verhaltens- und Entwicklungsstörungen und zeigen Sie Unterschiede zwischen den beiden Störungsarten auf. (S. 144)

Beschreiben Sie den Verlauf der "primär degenerativen" bzw. "Mulit-Infarkt-Demenz". (S. 150)

Analysefragen

Diskutieren Sie den Neurose-Begriff. Wo sehen Sie Schwierigkeiten, wo Vorteile bei einer Verwendung dieses Terminus ? (S. 118 - 119)

Welche Aussagen lassen sich generell über die Objektivität, Reliabilität und Validität der meisten Verfahren zur Diagnostik von Neurosen und ihren Subformen machen ? (S. 123 - 125)

Inwiefern ist eine Dichotomisierung depressiver Störungen in "endogen" versus "reaktiv" problematisch ? (S. 127)

Wie stellen Sie sich zur These, dass kritische Lebensereignisse mit psychischen bzw. psychosomatischen Störungen in Zusammenhang stehen ? (S. 135 - 136)

Nennen Sie Vorteile und Schwierigkeiten von Klassifikationsversuchen schizophrener Störungen. (S. 137)

Integrationsfragen

Machen Sie Aussagen über die Häufigkeit (Prävalenz) verschiedener psychischer Störungen (Demenz, Depression, somatoforme Störungen, etc.) im Alter. Unterscheidet sich die Prävalenz dieser Störungen gegenüber derjenigen jüngerer Populationen ? (S. 150)

Wie können Depressionen im Alter im Lichte verschiedener Theorien interpretiert werden ? (S. 150; 288 - 335)

Anwendungsbeispiel

Benachrichtigt durch die Nachbarschaft traf die Sanitätspolizei eben ein, als Herr Moser (26 jährig) sich anstellte, neben dem Fernsehapparat weitere Gerätschaften aus dem Fenster zu werfen. Er schrie und tobte, wimmerte und wälzte sich auf dem Boden. Nach der medikamentösen Sedierung in der Psychiatrischen Klinik gelang es anderntags, die Problematik deutlicher herauszuarbeiten. Herr Moser wirkte sehr unterwürfig und unselbständig, gleichzeitig scheu und ohne eigene Meinung. Im Verlauf des Klinikaufenthalts trat immer deutlicher eine massive Zwangsproblematik in den Vordergrund. Psychotische Symptome zeigten sich keine. In der Anamnese stellte sich heraus, dass der Klient seit einigen Wochen arbeitsunfähig war. Der Tagesablauf war dominiert von Kontroll-, Wasch- und Ordnungszwängen, welche stundenlang durchgeführt wurden und im Verlauf der letzten Monate immer mehr Zeit beanspruchten. Neben der enormen zeitlichen Beanspruchung durch die Zwänge wurden auch sämtliche "konstruktiven" Tätigkeiten (z.B. Bücher lesen, Hobbies, etc.) aus Angst, Unordnung zu schaffen, verunmöglicht. Bis zum Zeitpunkt des Zusammenbruchs verschärfte sich die Problematik dermassen, dass das Verlassen der Wohnung undenkbar wurde. Dadurch musste er der Arbeit fernbleiben, was Schuldgefühle, Insuffizienzgefühle und die Angst auslöste, dass ihm gekündigt werde und der Chef dahinter komme, was mit ihm nicht stimme. Die Beziehung zu einem sieben Jahre älteren Mann, welche er seit geraumer Zeit heimlich unterhielt, war kurz vor der Dekompensation aufgrund der untragbar gewordenen Umstände aufgelöst worden. Aussenkontakte und Begegnungen mit der Familie waren bereits früher spärlich gewesen, mitunter um die homosexuelle Neigung zu verbergen. Herr Moser hatte eine unauffällige Kindheit und Jugend durchlaufen, fiel aber bereits in der Schule durch "vorbildliche" Pünktlichkeit und Ordnungsliebe auf. Seine Eltern erzogen ihn streng und im Bestreben, ihm eine gute Ausbildung zu erlauben. Er sollte in die Fussstapfen seines Vaters treten und ebenfalls Elektroingenieur werden. Die Mutter pflegte einen starken Aufgabendrill und forderte, dass der Junge die nächste Schulstunde minuziös vorbereitete. Fehler beim Aufsagen des auswendig Gelernten wurden mit empfindlichen Wutausbrüchen der Mutter quittiert. In der Freizeit wurde er angehalten, sich mit Elektronik zu beschäftigen und selber Schaltungen bei Computern etc. zu bauen.

Diagnostizieren Sie die Störung von Herrn Moser nach DSM-III-R. Auf welcher Achse wird die Störung abgebildet ? Welche Informationen kodieren Sie auf weiteren Achsen ?

Welche diagnostischen Mittel würden Sie einsetzen ?

Skizzieren Sie Elemente einer Verhaltensanalyse und thematisieren Sie Informationen, welche Sie weiter einholen möchten, um sich ein genaueres Bild der Lage machen zu können.

Fragen zu Kapitel 22: Sexual- und Beziehungsstörungen: Klassifikation und Diagnostik

Wissensfragen

Welche drei Phasen lassen sich nach DSM-III-R bei Sexualstörungen unterscheiden ? (S. 154)

Was versteht man unter "Vaginismus", "Ejaculatio praecox", "ejaculatio retardata", "Dyspareunie" und "Anorgasmie" ? (S. 154)

Differenzieren Sie zwischen "primären" und "sekundären" Sexualstörungen. (S. 155)

Welche externen Faktoren begünstigen häufig sexuelle Probleme ? (S. 155)

Wie können Beziehungsstörungen typologisiert werden ? (S. 155)

Welche Möglichkeiten der Beziehungsdiagnostik sind Ihnen bekannt ? (S. 157)

Verstehensfragen

Skizzieren Sie das Klassifikationssystem von Beziehungsstörungen ("Circumplex model") nach OLSON et al. (1979). (S. 157)

Analysefragen

In welchem Beziehungsverhältnis stehen funktionelle Sexualstörungen und Beziehungsstörungen ? (S. 154)

Welche diagnostischen Abklärungen spielen im Rahmen einer Therapieindikation bei Beziehungsstörungen eine zentrale Rolle ? (S. 156)

Wie beurteilen Sie die diagnostische Aussagekraft von Fragebögen für eine Analyse von Interaktions- und Beziehungsstrukturen ? (S. 157)

Fragen zu Kapitel 23: Störungen der Schule: Klassifikation und Diagnostik

Wissensfragen

Zeigen Sie Formen problematischer Schülerbeziehungen auf. (S. 158)

Welcher möglichen problematischen Schüler-Lehrer-Beziehungen sollte sich eine Lehrkraft bewusst sein ? (S. 158 - 159)

Verstehensfragen

Was bewirken "distanzierte" versus "undistanzierte" Rollen der Lehrer für die Beziehung zwischen Schülern und Lehrern ? (S. 159)

Thematisieren Sie Faktoren, welche sich auf das Schulklima und Schüler-Schüler bzw. Schüler-Lehrer-Beziehungen grösstenteils negativ auswirken. (S. 158 - 159)

Analysefragen

Welche Schwierigkeiten sehen Sie beim Einsatz von Soziogrammen, um Beziehungsmuster in Schulklassen zu untersuchen ? (S. 160)

Fragen zu Kapitel 24: Störungen betrieblicher Organisationen: Klassifikation und Diagnostik

Wissensfragen

Erläutern Sie die Begriffe "Organisation" und "System". (S. 162)

Skizzieren Sie wichtige Themen der Arbeits- und Organisationspsychologie. (S. 162)

Was versteht man unter "Industrieller Psychopathologie" ? (S. 162)

Mit welchen Problembereichen befasst sich die "klinische Betriebspsychologie" hauptsächlich ? (S. 162)

Was verstehen Sie unter "stabilen" versus "dynamischen" "Imbalancen" ? (S. 163)

Welche diagnostischen Methoden werden zur Untersuchung von "stabilen" bzw. "dynamischen" "Imbalancen" verwendet ? (S. 164)

Verstehensfragen

Welche Ueberlegungen können Betriebe und Organisationen motivieren, psychologische Programme und Beratungen in ihren Reihen einzuführen ? (S. 162)

Erläutern Sie das "Imbalance-Modell" psychischer Störungen in betrieblichen Organisationen. (S. 163)

Resümieren Sie pathologische organisationale Bedingungen, welche Imbalance-Zustände hervorrufen können. (S. 163)

Schildern Sie die Hauptannahme von ARGYRIS bezüglich psychopathogenetischer Organisationsbedingungen. (S. 163; 164)

Analysefragen

Mit welchen Problemen sieht sich die Diagnostik dynamischer Imbalancen auf organisationaler Ebene konfrontiert ? (S. 165)

Fragen zu Kapitel 25: Störungen im System Gemeinde: Klassifikation und Diagnostik

Wissensfragen

Wie kann "Gemeinde" definiert werden ? (S. 166)

Welche Forderungen stellt KELLY an die Gemeindepsychologie ? (S. 168)

Verstehensfragen

Was impliziert eine Betrachtungsweise, welche Gemeinden als Systeme oder Ganzheiten auffasst ? (S. 166)

Stellen Sie das Modell hierarchischer Umwelten von BRONFENBRENNER dar. (S. 167)

Welche Faktoren determinieren die "Gesundheit einer Gemeinde" ? Diskutieren Sie diese. (S. 166)

Analysefragen

Wie lässt sich die "Gesundheit einer Gemeinde" operationalisieren ? (S. 166 - 167)

Wie beurteilen Sie die diagnostischen Möglichkeiten auf der Ebene der Gemeinde ? (S. 168 - 169)

Fragen zu Teil B: Klassifikation und Diagnostik Teil III: Störungen von interpersonellen Systemen

Wissensfragen

Thematisieren Sie verschiedene Sexualstörungen. (S. 96)

Unterscheiden Sie zwischen "primären" und "sekundären" Sexualstörungen. (S. 155)

Welche externen Faktoren begünstigen häufig sexuelle Probleme ? (S. 155)

Welche Möglichkeiten der Beziehungsdiagnostik kennen Sie ? (S. 157)

Mit welchen Problembereichen befasst sich die klinische Betriebspsychologie hauptsächlich ? (S. 162)

Welche Typen von "Imbalancen" kennen Sie ? (S. 163)

Wie können Imbalance-Zustände in Betrieben diagnostisch erfasst werden ? (S. 163 - 164)

Verstehensfragen

Thematisieren Sie Faktoren, welche sich auf Schulklima und Schüler-Schüler bzw. Schüler-Lehrer-Beziehungen grösstenteils negativ auswirken. (S. 158 - 159)

Erläutern Sie das "Imbalance-Modell" psychischer Störungen in betrieblichen Organisationen. (S. 163)

Resümieren Sie pathologische Organisationsbedingungen, welche Imbalancen hervorrufen können. Diskutieren Sie in diesem Zusammenhang das Modell von ARGYRIS. (S. 163 - 164)

Erörtern Sie Faktoren, welche die "Gesundheit einer Gemeinde" mitdeterminieren. (S. 166)

Stellen Sie das Modell hierarchischer Umwelten von BRONFENBRENNER theoretisch und anhand eines Beispiels dar. (S. 167)

Analysefragen

Welche Schwierigkeiten sehen Sie beim Einsatz von Soziogrammen, um Beziehungsmuster in Schulklassen zu untersuchen ? (S. 160)

Wie lässt sich die "Gesundheit einer Gemeinde" operationalisieren ? (S. 166 - 167)

Anwendungsbeispiel

Die Drogenszene der Stadt hatte sich in den letzten zehn Jahren bereits mehrmals verschoben. Anfänglich versuchten die Behörden, die Süchtigen und Dealer durch massive Polizeirazzien und Repressalien auseinander zu treiben und eine Bildung lokaler Szenen zu verhindern. Dennoch konstituierte sich eine Szene grösseren Ausmasses, welche schliesslich geduldet wurde, da sich Stadtrat und Verantwortliche ausser Stande sahen, eine wirksame Kontrolle über die Problematik zu erlangen. Gleichzeitig wurden im Zusammenhang mit Aids gesundheitspolitische und ethische Postulate laut, welche eine Zentralisierung der Szene zwecks hygienischer Massnahmen (Abgabe von sauberen Spritzen, etc.) forderte. Zudem erkannte man, dass Beschaffungskriminalität und -prostitution zu einer ernsthaften Gefahr für die Sicherheit und das Wohlbefinden des Bürgers wurden (Raubüberfälle, Plünderungen, Ansteckungsgefahr bei aidsinfizierten Prostituierten aus der Drogenszene, etc.), was einen Ueberblick über die Szene als günstig erscheinen liess. Doch wie sollte mit der Tatsache umgegangen werden, dass Drogen-abhängige aus anderen Städten und Regionen anreisten und sich in die Szene integrierten, dass organisierte Dealerbanden den Markt unter sich aufzuteilen und einen intensiven Handel mit verschiedensten Suchtstoffen (Heroin, Kokain, etc.) aufzuziehen begannen ?

Diskutieren Sie dieses Problem unter gemeindepsychologischen Gesichtspunkten.

Auf welchen Ebenen (nach BRONFENBRENNER) lokalisiert sich das Problem ?

Was halten Sie von einer Ghettoisierung von Randgruppen ? Welche Probleme ergeben sich daraus ? Diskutieren Sie diese Frage unter Einbezug verschiedener psychologischer Theorien und unter einer gemeindepsychologischen Perspektive.

Wie könnte der Entstehung solcher Szenen adäquat, im Sinne präventiver Massnahmen, entgegengewirkt werden ?

Welche Bedeutung kommt Ihrer Meinung nach der Sozialisation in Familie und Schule für die Entstehung solcher Probleme zu ?

Welchen Beitrag kann klinisch-psychologische Diagnostik im Rahmen dieses Fallbeispiels leisten ? Wo liegen diagnostische Ansatzpunkte ?

Fragen zu Kapitel 26: Psychomotorik: Aetiologie/Bedingungsanalyse

Wissensfragen

Was versteht man unter dem "ideomotorischen Phänomen" ? (S. 175)

Welche empirischen Belege dafür, dass es sich bei Tics um unwillkürliche Bewegungen handelt, lassen sich zitieren ? (S. 175)

Welche Faktoren begünstigen bzw. hemmen das Auftreten von Tics ? (S. 175)

Wodurch ist die Psychomotorik von Psychotikern charakterisiert ? (S. 176)

Unterscheiden Sie "flüssige" und "unflüssige" "Aphasie". (S. 178)

Was bedeutet "optische Ataxie" ? (S. 179)

Führen Sie Beispiele für psychomotorische Störungen an, welche auf eine gestörte Koordination der Motorik zurückgehen. (S. 179 - 180)

Verstehensfragen

Erklären Sie Symptomatik und häufige Ursache der "Apraxie". (S. 174)

Stellen Sie das funktionelle Modell der Bewegungssteuerung nach CRUSE et al. (1990) dar. Gehen Sie auf zentrale Annahmen des Modells ein. (S. 173 - 174)

Resümieren Sie verschiedene Störungen des Abrufs motorischer Programme. (S. 174 - 176)

Inwiefern kann psychomotorischen Beeinträchtigungen eine indikativ-prognostische Bedeutung zukommen ? (S. 176; 177)

Geben Sie Erklärungshypothesen für einen "Schreibkrampf". (S. 180)

Analysefragen

Inwiefern kann man psychomotorische Störungen als Gegenstand der Psychologie betrachten ? (S. 172 - 173)

Fragen zu Kapitel 27: Gedächtnis: Aetiologie/Bedingungsanalyse

Wissensfragen

Wie sieht das Verhältnis zwischen "Vergessen" und "Gedächtnisstörungen" aus ? Definieren Sie "Vergessen" und "Gedächtnisstörung". (S. 182)

Stellen Sie die Annahmen der "Zerfallstheorien" bzw. "Interferenztheorien" dar. (S. 183)

Wie steht es um die empirische Fundierung dieser beiden Theorien zum Vergessen. (S. 183)

Skizzieren Sie die Hauptannahmen des "Komponenten-Zerfallsmodells". (S. 183)

Unterscheiden Sie "episodisches" und "semantisches" Wissen. (S. 185)

Welche Gedächtnisleistungen (episodische oder sematische) sind bei Amnesien vorwiegend gestört ? (S. 185)

Was versteht man unter "explizitem" versus "implizitem" Gedächtnis ? Welcher Typ ist bei Amnesiepatienten betroffen ? (S. 186)

Welche Hirnregionen sind mit erhöhter Wahrscheinlichkeit bei "anterograden Amnesien" lädiert ? (S. 189)

Beschreiben Sie das Symptombild "dementieller Amnesien". (S. 189)

Verstehensfragen

Diskutieren Sie Ursachen des Vergessens. (S. 182 - 183)

Nennen Sie die wichtigsten Charakteristika einer "Amnesie" und grenzen Sie diese Störung von "dementen Gedächtnisstörungen" ab. (S. 184)

Erläutern Sie die Rolle episodischer Informationen für Ich-Identität und Kontinuität des Ich-Bewusstseins. (S. 185)

Wo liegen nach neueren Erkenntnissen vermutlich die Hauptschwierigkeiten bei Amnesien ? (S. 186)

Erklären Sie "Amnesien vom Typ A" bzw. "Amnesien vom Typ B". (S. 189 - 191)

Wie lassen sich Gedächtnisstörungen bei psychopathologischen Störungsbildern durch kortikale Aktivierungs- und Hemmungsprozesse beschreiben ? (S. 188 - 189)

Skizzieren Sie die "Hippocampal memory indexing"-Theorie. (S. 190)

Analysefragen

Wo liegen Schwierigkeiten bei einer empirischen Ueberprüfung von Theorien zum Vergessen ? (S. 183)

Diskutieren Sie die Bedeutung des "Komponenten-Zerfallsmodells". (S. 183)

Fragen zu Kapitel 28: Lernen: Aetiologie/Bedingungsanalyse

Wissensfragen

Wie lässt sich "Lernen" definieren ? (S. 192)

Unterscheiden Sie "absichtsvolles" und "inzidentelles" Lernen. (S. 192)

Was versteht man unter "Lernstörungen" ? (S. 192)

Wie schlagen sich Störungen des inzidentellen Lernens hauptsächlich nieder ? Geben Sie ein Beispiel. (S. 192)

Welche zwei Oberkategorien von Lernstörungen können unterschieden werden ? (S. 192)

Welche Defizite bringen in der Regel Lernstörungen als überdauernde Beeinträchtigungen mit sich ? (S. 192)

Wodurch konstituiert sich der Schweregrad von Aneignungsbeeinträchtigungen ? (S. 192)

Welche Strategiedefizite finden sich häufig bei Lernstörungen ? (S. 195)

Welche Persönlichkeitsdimensionen unterscheidet EYSENCK (1967) in seinem Aetiologiemodell ? (S. 199)

Wie lassen sich "dysthymische Störungen" in EYSENCKs Persönlichkeitsmodell beschreiben ? (S. 199)

Nennen Sie Störungen, welche mit niedriger Konditionierbarkeit einhergehen. (S. 201)

Verstehensfragen

Geben Sie ein Beispiel für eine persistierende, allgemeine Lernstörung und beschreiben Sie diese etwas ausführlicher. (S. 193)

Durch welche Defizite und ungünstigen Charakteristika zeichnen sich Aneignungsbeeinträchtigungen aus ? Erläutern Sie diese. (S. 193 - 198)

Beschreiben Sie Strategien und Generalisierungsvermögen bei Normalschülern und Lernbehinderten. (S. 195 - 196)

Diskutieren Sie die Beziehung zwischen Funktionsstörungen des Gehirns und Geistiger Behinderung. (S. 198)

Erläutern Sie die Bedeutung von "Konditionierbarkeit" und "Habituation" für die Entwicklung psychischer Störungen. (S. 199)

Stellen Sie die Hauptzüge der "Zwei-Prozess-Theorie" von MOWRER dar. (S. 199 - 200)

Resümieren Sie die Aetiologieannahmen neurophysiologischer Angsttheorien. (S. 200)

Wie erklären MATHEWS und Mitarbeiter Angstreaktionen (Panikattacken) und welche Therapieziele leiten sie von ihrem Aetiologiemodell ab ? (S. 200)

Welche Annahmen machen neurophysiologische Theorien bezüglich psychopathischer Störungen ? (S. 201)

Diskutieren Sie das Konzept des Verlusts der Verstärkerwirksamkeit von COSTELLO. (S. 201 - 202)

Analysefragen

Beurteilen Sie das persönlickeitstheoretische Aetiologiemodell von EYSENCK. (S. 199)

Integrationsfragen

Führen Sie eine Bedinungsanalyse von Aneignungsbeeinträchtigungen (S. 192 - 198) bzw. Störungen aufgrund von abnormen individuellen Lernvoraussetzungen durch. (S. 199 - 201)

Fragen zu Kapitel 29: Denken/Problemlösen: Aetiologie/Bedingungsanalyse

Wissensfragen

Welche Arten des Problemlösens können unterschieden werden ? Erläutern Sie diese. (S. 204)

Was versteht man unter "Problemlösefertigkeiten" ? (S. 204)

Erklären Sie den Begriff "Metakognition". Welche vier Komponenten von "Metakognitionen" können unterschieden werden ? (S. 211; 216)

Was charakterisiert "Notfallreaktionen" ? (S. 213)

Wodurch zeichnen sich "offene" und "komplexe" Probleme aus ? (S. 215)

Welche zentralen Fähigkeiten zur Problemlösung werden von SPIVACK et al. (1976) thematisiert ? (S. 216)

Verstehensfragen

Welche Anforderungen stellt das Problemlösen an den Problemlöser ? (S. 208)

Wie wirken sich Besonderheiten des Denkens auf die Problemlösung aus ? Stellen Sie zentrale Beeinträchtigungen dar und illustrieren Sie diese anhand von Beispielen. (S. 208 - 210)

Welche Aspekte definieren "kognitive Strukturiertheit" ? (S. 209)

Skizzieren Sie den Prozess der Problemlösung. (S. 210 - 211)

Stellen Sie das Problemlösetraining von D'ZURILLA & GOLDFRIED (1971) dar. (S. 211)

Wie beeinflussen Emotionen die Problemlösung ? (S. 217)

Analysefragen

In welcher Weise tragen Problemlösefähigkeiten zur Aufrechterhaltung der psychosozialen Gesundheit bei ? (S. 204; 217)

Integrationsfragen

Diskutieren Sie psychische Störungen (z.B. Depression, Alkoholismus, Aggressivität, etc.) auf dem Hintergrund von Problemlösungskompetenzen bzw. - defiziten. (S. 205; 210; 213)

Resümieren Sie empirische Befunde zur Rolle adäquater Problemlösekompetenzen für die psychosoziale Gesundheit. (S. 206 - 208)

Wie lassen sich Problemlösestörungen erklären ? Resümieren Sie Determinanten, welche sich ungünstig oder beeinträchtigend auf den Problemlöseprozess auswirken. (S. 207 - 217)

Fragen zu Kapitel 30: Emotion: Aetiologie/Bedingungsanalyse

Wissensfragen

Wodurch charakterisiert sich klinisch relevante Traurigkeit ? (S. 221)

Geben Sie Beispiele für "proximale" und "distale" Situationsbedinungen, welche für die Emotionsentstehung relevant sein können. (S. 222)

Welche zwei Arten von Persönlichkeitsbedinungen können unterschieden werden ? Gewichten Sie ihren Einfluss bezüglich Emotionsstörungen. (S. 222)

Welche kognitiven Fehler werden von BECK (1967) beschrieben ? (S. 225)

Verstehensfragen

Grenzen Sie "realitätsangemessene Angst" von "pathologischer Angst" ab. (S. 219)

Diskutieren Sie die Bedeutung von Aerger innerhalb klinisch relevanter Emotionen. (S. 221)

Thematisieren Sie Bedingungen für Emotionsstörungen. (S. 222 - 228)

Differenzieren Sie individuelle kognitive Strukturen und aktuelle perzeptiv-kognitive Prozesse. (S. 223)

Erläutern Sie die Hauptannahmen der kognitiven Emotionstheorien von BECK (für Depression) und der "Selbstkonzeptdiskrepanz-Theorie" von HOGGINS et al. (1985). (S. 225)

Skizzieren Sie das "Zeit-Wert-Distanz-Modell" von PEKRUN. (S. 226)

Wie erklärt FREUD die Entstehung und Aufrechterhaltung von Phobien ? (S. 227)

Erklären Sie den Zusammenhang zwischen der Aufrechterhaltung von Phobien und Meideverhalten. (S. 230)

Stellen Sie die Rolle von Emotionen im Zusammenhang mit affektiven Störungen dar. (S. 231 - 232)

Wie äussern sich Emotionsstörungen bei Schizophrenien ? (S. 232)

Diskutieren Sie den Einfluss von Emotionen auf psychosomatische Störungen. (S. 233)

Analysefragen

Wie beurteilen Sie den wissenschaftlichen Gehalt der Annahmen FREUDs zu Phobien ? (S. 228)

Integrationsfragen

Thematisieren Sie Auswirkungen von Emotionen auf somatische Prozesse, Wahrnehmung, Gedächtnis, Denken und Motivation. (S. 228 - 229)

Erläutern Sie die Beziehung zwischen Emotionen und klinischen Syndromen. (S. 230)

Fragen zu Kapitel 31: Motivation: Aetiologie/Bedingungsanalyse

Wissensfragen

Unterscheiden Sie "deklarative" und "prozedurale" Motivation. (S. 235; 240)

Was bedeutet "Metamotivation"? (S. 235)

Referieren Sie motivationssteuernde Determinanten. (S. 235)

Diskutieren Sie aktuelle interne Auslöseprozesse. (S. 236)

Was versteht man unter einem "einfachen" bzw. "doppelten" "Annäherungs-Vermeidungs-Konflikt"? (S. 238)

Verstehensfragen

Stellen Sie die fünf Phasen des deklarativen Motivationsprozesses dar. (S. 236 - 240)

Wie können Motivationsstörungen in den verschiedenen Phasen des Prozesses der deklarativen Motivation zustande kommen? (S. 237 - 241)

Diskutieren Sie die Rolle der Metamotivation bei Entscheidungskonflikten. (S. 239)

Welches sind Voraussetzungen für die Umsetzung von Absichten in Handlungen? (S. 239)

Stellen Sie die Hauptannahmen der Depressionstheorie von SELIGMAN und Mitarbeitern dar. (S. 242)

Wie lassen sich Phobien motivationspsychologisch verstehen? (S. 244)

Diskutieren Sie motivationale Aspekte bei Zwängen. (S. 244)

Inwiefern liegen bei Depressionen Motivationsstörungen vor? (S. 245)

Skizzieren Sie motivationale Aspekte bei Schizophrenien und Störungen durch psychotrope Substanzen. (S. 245)

Thematisieren Sie Motive für Suchtverhalten. (S. 246)

Analysefragen

Welche Zusammenhänge zwischen Kausalattributionen und Depression finden sich ? (S. 242)

Diskutieren Sie die "Theorie der erlernten Hilflosigkeit" von SELIGMAN auf dem Hintergrund des Prozesses deklarativer Motivation. Welche Motivationsdefizite können durch die Theorie erklärt werden ? (S. 243)

Integrationsfragen

Reflektieren Sie die Rolle von Motivation und Motivationsstörungen bei klinischen Störungen. (S. 243 - 246)

Fragen zu Kapitel 32: Schlaf: Aetiologie/Bedingungsanalyse

Wissensfragen

Welche physiologischen und psychologischen Merkmale kennzeichnen einen gestörten Schlaf ? (S. 248)

Was versteht man unter "Schlafeffizienz" ? (S. 248)

Was wissen Sie über die Chronifizierung von Schlafstörungen im Kindes- und Jugendalter ? (S. 251)

Resümieren Sie biologische Bedingungen für Schlafstörungen. (S. 250 - 251)

Welche internen und externen Faktoren können Schlafstörungen aufrechterhalten oder verstärken ? (S. 253)

Bei welchen psychischen Störungen werden Schlafstörungen als Symptome explizit thematisiert ? (S. 254)

Verstehensfragen

Skizzieren Sie das "Zwei-Komponenten-Modell" für Schlafstörungen von ENGEL & KNAB (1985). (S. 250)

Welche Rolle spielen Konflikte und andere psychologische Bedingungen bei Schlafstörungen ? (S. 251 - 252)

Von welchen Annahmen bezüglich Schlafstörungen gehen kognitive Ansätze aus ? (S. 252)

Was lässt sich über die therapeutische Wirkung von Schlafentzug bei der Behandlung von endogen Depressiven aussagen ? (S. 254)

Stellen Sie überblicksmässig das "Zwei-Prozess-Modell der Schlafregulation" von BORBELY & WIRZ-JUSTICE dar. (S. 254 - 255)

Welche Annahmen macht die "Phase-advance Hypothese" ? (S. 255)

Analysefragen

Analysieren Sie Befunde zu psychologischen Bedingungen für Schlafstörungen und ziehen Sie ein Fazit. (S. 252)

Welche Ansätze zur Erklärung der Wirkung von Schlafentzug bei endogen Depressiven kennen Sie ? (S. 255)

Integrationsfragen

Resümieren Sie den derzeitigen Forschungsstand über Bedingungen für Schlafstörungen und deren Zusammenhang zu psychischen Störungen (z.B. Depression). (S. 254 - 256)

Fragen zu Teil C: Aetiologie/Bedingungsanalyse Teil I: Gestörte Funktionen

Wissensfragen

Welche Faktoren begünstigen bzw. hemmen das Auftreten von Tics ? (S. 175)

Führen Sie Beispiele für psychomotorische Störungen an, welche auf eine gestörte Koordination der Motorik zurückgehen. (S. 179 - 180)

Wie sieht das Verhältnis zwischen "Vergessen" und "Gedächtnisstörungen" aus ? Definieren Sie "Vergessen" und "Gedächtnisstörung". (S. 182)

Unterscheiden Sie verschiedene Wissensarten. (S. 185)

Welche Gedächtnisleistungen sind bei Amnesien vorwiegend gestört ? (S. 185)

Was versteht man unter "explizitem" versus "implizitem" Gedächtnis ? Welcher Typ ist bei Amnesiepatienten betroffen ? (S. 186)

Unterscheiden Sie "absichtsvolles" und "inzidentelles" Lernen. (S. 192)

Was versteht man unter "Lernstörungen" ? Welche Formen von Lernstörungen können unterschieden werden ? (S. 192)

Welche Defizite bringen in der Regel Lernstörungen als überdauernde Beeinträchtigungen mit sich ? (S. 192 - 195)

Welche Dimensionen unterscheidet EYSENCK (1967) in seinem persönlichkeitstheoretischen Aetiologiemodell ? (S. 199)

Wo lokalisieren sich "dysthymische Störungen" in EYSENCKs Persönlichkeitsmodell ? (S. 199)

Nennen Sie Störungen, welche mit niedriger Konditionierbarkeit einhergehen. (S. 201)

Welche Aspekte beinhalten "Problemlösefertigkeiten" ? (S. 204)

Welche Situationsbedingungen können für die Emotionsentstehung relevant sein ? (S. 222)

Welche kognitiven Fehler werden von BECK (1967) beschrieben ? (S. 225)

Nennen Sie motivationssteuernde Determinanten. (S. 235)

Welche physiologischen und psychologischen Merkmale kennzeichnen einen gestörten Schlaf ? (S. 248)

Thematisieren Sie interne und externe Faktoren, welche Schlafstörungen aufrechterhalten oder verstärken können. (S. 253)

Verstehensfragen

Diskutieren Sie Unterschiede zwischen "Amnesien" und "dementen Gedächtnisstörungen". (S. 184)

Erläutern Sie die Rolle episodischer Informationen für Ich-Identität und Kontinuität des Ich-Bewusstseins. (S. 185)

Stellen Sie verschiedene Amnesie-Typen dar. (S. 189 - 191)

Skizzieren Sie die "Hippocampal memory indexing-" Theorie. (S. 190)

Erläutern Sie die Bedeutung von "Konditionierbarkeit" und "Habituation" für die Entwicklung psychischer Störungen. (S. 199)

Stellen Sie die Hauptzüge der "Zwei-Prozess-Theorie" von MOWRER dar. (S. 199 - 200)

Resümieren Sie Aetiologieannahmen neurophysiologischer Angsttheorien. (S. 200)

Welche Annahmen machen neurophysiologische Theorien bezüglich psychopathischer Störungen ? (S. 201)

Resümieren Sie Determinanten für gestörtes Problemlösen. Illustrieren Sie diese anhand von Beispielen. (S. 207 - 217)

Skizzieren Sie den Prozess der Problemlösung. (S. 210 - 211)

Stellen Sie das Problemlösetraining von D'ZURILLA & GOLDFRIED (1971) dar. (S. 211)

Thematisieren Sie Bedingungen für Emotionsstörungen. (S. 222 - 228)

Wie erklärt FREUD die Entstehung und Aufrechterhaltung von Phobien ? (S. 227)

Stellen Sie die Rolle von Emotionen im Zusammenhang mit affektiven, schizophrenen bzw. psychosomatischen Störungen dar. (S. 231 - 233)

Wie können Motivationsstörungen in den verschiedenen Phasen des Prozesses der deklarativen Motivation zustande kommen ? (S. 237 - 241)

Erläutern Sie die Hauptannahmen der Depressionstheorie von SELIGMAN und Mitarbeitern. (S. 242)

Diskutieren Sie motivationale Aspekte bei verschiedenen psychischen Störungen (Zwängen, Schizophrenien, Depressionen, Aengsten und Störungen durch psychotrope Substanzen). (S. 244; 245)

Resümieren Sie biologische Bedingungen für Schlafstörungen. (S. 250 - 251)

Welche Rolle spielen Konflikte und andere psychologische Bedingungen bei Schlafstörungen ? (S. 251 - 252)

Von welchen Annahmen bezüglich Schlafstörungen gehen kognitive Ansätze aus ? (S. 252)

Stellen Sie überblicksmässig das "Zwei-Prozess-Modell der Schlafregulation" von BORBELY & WIRZ-JUSTICE dar. (S. 254 - 255)

Analysefragen

Inwiefern sind psychomotorische Störungen Gegenstand der Psychologie ? (S. 172 - 173)

Diskutieren Sie Vorteile und Schwächen des persönlickeitstheoretischen Aetiologiemodells von EYSENCK. (S. 199)

In welcher Weise tragen Problemlösefähigkeiten zur Aufrechterhaltung der psychosozialen Gesundheit bei ? (S. 204; 217)

Wie beurteilen Sie den wissenschaftlichen Gehalt der Annahmen FREUDs zu Phobien ? (S. 228)

Diskutieren Sie die "Theorie der erlernten Hilflosigkeit" von SELIGMAN auf dem Hintergrund des Prozesses der deklarativen Motivation. Welche Motivationsdefizite können durch diese Theorie erklärt werden ? (S. 243)

Analysieren Sie Befunde zu psychologischen Bedingungen für Schlafstörungen und ziehen Sie ein Fazit. (S. 252)

Welche Erklärungsansätze zur Wirkung von Schlafentzug bei endogen Depressiven kennen Sie ? Diskutieren Sie die Therapie unter psychologischen Gesichtspunkten. (S. 254)

Integrationsfragen

Führen Sie eine Bedingungsanalyse von Aneignungsbeeinträchtigungen (S. 192 - 198) und Störungen aufgrund abnormer individueller Lernvoraussetzungen durch. (S. 199 - 201)

Diskutieren Sie psychische Störungen (z.B. Depression, Alkoholismus, Aggressivität, etc.) auf dem Hintergrund von Problemlösungskompetenzen bzw. - defizten. (S. 205; 210; 213)

Diskutieren Sie die Beziehung zwischen Emotionen und klinischen Syndromen. (S. 230)

Reflektieren Sie die Rolle von Motivation und Motivationsstörungen bei klinischen Störungen. (S. 243 - 246)

Resümieren Sie den derzeitigen Forschungsstand über Bedingungen für Schlafstörungen und deren Zusammenhang zu psychischen Störungen (z.B. Depression). (S. 254 - 256)

Anwendungsbeispiel

Frau Wirz klagt seit Wochen über Einschlaf- und Durchschlafstörungen. Sie weiss jedoch, dass eine fünfundsiebzig jährige Frau nicht mehr den besten Schlaf hat und behilft sich mit Schlaftabletten. Obgleich sie geistig und körperlich noch vital ist, haben sich seit einiger Zeit lästige Rückenschmerzen eingestellt, auch fühlt sie sich häufig müde und antriebslos. Da sie unverheiratet ist und ihren Lebensunterhalt früher als Ergotherapeutin selbständig erwerbend bestritten hat, sieht ihre Altersvorsorge, insbesondere nach der schweren Erkrankung im vergangenen Jahr, welche ihre Ersparnisse aufgebraucht hatte, bedenklich aus. Die Zinsen für Wohnung und Praxis, welche sie noch immer unterhält, sind hoch und stellen eine konstante Belastung dar, vor allem wenn wegen zeitweiliger Unpässlichkeiten keine Einnahmen fliessen. Sozial ist Frau Wirz isoliert. Durch den mehrjährigen, ausbildungsbedingten Auslandaufenthalt in der Jugend hatte sie in ihrem Wohnort ihr Sozialnetz verloren und bemühte sich bei ihrer Rückkehr nicht mehr um neue Freundschaften, sondern investierte ihre Zeit in den Aufbau ihrer eigenen Praxis. Heute unterhält sie sozialen Kontakt fast nur noch zu ihren Klienten und wenigen Verwandten. Diese raten ihr seit langem, aufgrund ihrer schlechten finanziellen Lage, die Praxis aufzugeben, da Einnahmen und Kosten in keinem sinnvollen Verhältnis stünden.

Wie beurteilen Sie die Situation von Frau Wirz ? Welche Diagnose würden Sie ihr stellen ? Kodieren Sie die gegebenen Informationen auf den Achsen des DSM-III-R.

Geben Sie Frau Wirz Recht, dass Schlafstörungen in ihrem Alter normal sind ?

Thematisieren Sie Risiko- und Protektivfaktoren bezüglich dieses Fallbeispiels.

Welche möglichen Aetiologieerklärungen können Sie geben ? Diskutieren Sie störungsrelevante Aspekte.

Diskutieren Sie das Beispiel im Lichte von Problemlösestrategien seitens Frau Wirz und ihrer Umgebung.

Versuchen Sie skizzenhaft eine Bedingungsanalyse zu erstellen.

Fragen zu Kapitel 33: Genetik: Aetiologie/Bedingungsanalyse

Wissensfragen

Was bedeutet "Phänogenetik" ? (S. 260)

Was versteht man unter "Prägung" ? (S. 261)

Wodurch kennzeichnen sich "sensible Phasen" ? (S. 261)

Beschreiben Sie die wichtigsten Forschungsmethoden der Psychogenetik. (S. 260 - 261)

Erklären Sie den Begriff "empirische Risikoziffer". (S. 262)

Was versteht man unter "Polygenie" ? (264)

Wie hoch liegt die Konkordanzrate für schizophrene Störungen bei EZ ? (S. 264)

Unterscheiden Sie "Vulnerabilitätsmarker" und "Koppelungsmarker". (S. 264 - 265)

Wie hoch liegt das Erkrankungsrisiko bei "dominantem" bzw. "rezessivem" Erbgang ? (S. 272)

Verstehensfragen

Erläutern Sie die Annahmen von Schwellenmodellen bei affektiven Psychosen. (S. 265)

Welche Ursachen für Geistige Behinderung kennen Sie ? Geben Sie Beispiele für die einzelnen ätiologischen Gruppen. (S. 270)

Worauf beruht die "Trisomie 21" ? (S. 270)

Welche Aspekte sind in der genetischen Beratung zu berücksichtigen ? Erläutern Sie diese anhand eines Beispiels. (S. 271)

Analysefragen

Diskutieren Sie das Verhältnis zwischen Anlage und Umwelt und ihre Einflüsse auf das menschliche Verhalten. (S. 260)

Inwieweit kann familiäre Häufung als Indiz für Erblichkeit gewertet werden ? (S. 263)

Wie beurteilen Sie die Güte der einzelnen Methoden der Psychogenetik ? Welche Probleme stellen sich bei den meisten dieser Studien ? (S. 261 - 263)

Welche kritischen Anmerkungen gilt es bezüglich multifaktorieller Schwellenmodelle zu machen ? (S. 264)

Wie beurteilen Sie die Anlage-Umwelt-Interaktion bei Schizophrenien einerseits (S. 264) und Neurosen bzw. Persönlichkeitsstörungen andererseits ? (S. 266 - 268)

Diskutieren Sie die Annahme von "Spektrumsdepressionen". (S. 266)

Fassen Sie Ergebnisse zum genetischen Einfluss bei Alkoholismus zusammen. (S. 268 - 269)

Integrationsfragen

Welche Schlussfolgerungen ergeben sich aus der Tatsache, dass Geistige Behinderung genetisch bedingt ist (z.B. Down-Syndrom) für die psychologische Förderung und Therapie ? (S. 271 - 272)

Thematisieren Sie Möglichkeiten der Diagnostik und Verhütung genetisch bedingter Störungen. (S. 271 - 272)

Wie kann der Beitrag genetischer Determinanten für die Aetiologie psychischer Störungen generell beurteilt werden ? (S. 262 - 269)

Fragen zu Kapitel 34: Biologische Modelle: Aetiologie/Bedingungsanalyse

Wissensfragen

Nach welchen Dimensionen können Störungsursachen geordnet werden ? (S. 275 - 276)

Welche historischen Wurzeln haben biologische Modellvorstellungen zur Genese psychischer Störungen ? (S. 277)

Was versteht man unter einem "Neurotransmitter" ? Geben Sie einen Ueberblick über bekannte Neurotransmitter. (S. 277)

Welche Katecholamine kennen Sie ? (S. 277)

Erläutern Sie den Begriff: "Vesikel". (S. 278)

Welcher Forschungsmethoden bedient sich die biologische Psychiatrie ? (S. 279)

Unterscheiden Sie "trait-marker" und "state-marker". (S. 281)

Verstehensfragen

Beschreiben Sie überblicksmässig den Vorgang der neuronalen Reizübertragung. (S. 278)

Welche Annahmen über die Wirkungsweise von Antidepressiva und Neuroleptika werden heute diskutiert ? (S. 278 - 281)

Skizzieren Sie die "Serotonin-" und "Noradrenalin-Hypothese"der Depression. (S. 280; 282)

Wie wirken vermutlich "trizyklische Antidepressiva" ? (S. 280)

Stellen Sie die "Dopamin-Hypothese" der Schizophrenie dar. (S. 282)

Resümieren Sie die Wirkungsweise einer Neuroleptikabehandlung und zeigen Sie mögliche Nebenwirkungen auf. (S. 283)

Welche Ergänzungen hat die "Dopamin-Hypothese" erfahren ? (S. 283)

Analysefragen

Welche Schwächen haben die ursprünglichen biologischen Erklärungsmodelle der Depression nach dem heutigen Erkenntnisstand ? (S. 282)

Diskutieren Sie die Relevanz biologischer Aetiologiemodelle bei psychischen Störungen. (S. 282)

Wie stellen Sie sich zur Aussage: "Schizophrenie ist durch biologische Determinanten bedingt" ? (S. 282 - 283)

Integrationsfragen

Diskutieren Sie das Verhältnis zwischen Biologie und Psychologie. (S. 274 - 275)

Welche neueren biochemischen Aetiologiemodelle für Depressionen gilt es festzuhalten ? (S. 281)

Welche Entwicklung mit welchen Schwerpunkten zeichnet sich für die Biologische Psychiatrie ab ? (S. 283 - 284)

Fragen zu Kapitel 35: Modelle der Sozialisation: Aetiologie/Bedingungsanalyse

Wissensfragen

Was versteht man unter "Entwicklungsaufgaben" ? (S. 288)

Welche Arten von Entwicklungsaufgaben kennen Sie ? (S. 288)

Welche psychosexuellen Phasen unterscheidet FREUD ? (S. 289)

Erklären Sie die Begriffe: "Fixierung", "Regression" und "Konflikt". (S. 290)

Erläutern Sie die üblicherweise eingesetzten Datengewinnungsstrategien in der Psychoanalyse. (S. 291)

Was bedeutet "Deprivation" ? (S. 294)

Welche drei Deprivationsformen unterscheidet AINSWORTH ? Erläutern Sie diese. (S. 294)

Gibt es Geschlechtsunterschiede bezüglich der Bewältigung und Ueberwindung von Trennungserlebnissen (z.B. Scheidung) ? (S. 296)

Was versteht EYSENCK unter "Störungen der ersten Art" bzw. "Störungen der zweiten Art" ? Welche Störungsbilder sind unter die jeweilige Kategorie zu subsumieren ? (S. 298)

Was bedeutet "Konditionierbarkeit" ? (S. 299)

Welche Subprozesse des Modellernens unterscheidet BANDURA ? (S. 302)

Für welche Störungen kann heute aufgrund empirischer Belege angenommen werden, dass Modellernen einen entscheidenden Einfluss bei deren Ausformung spielt ? (S. 302)

Welche Merkmale kennzeichnen einen depressionsfördernden Attributionsstil ? (S. 303)

Verstehensfragen

Skizzieren Sie das Störungsverständnis der Psychoanalyse. (S. 289 - 290)

Umschreiben Sie einige neuere Hypothesen zur vorödipalen Ich-Entwicklung und zur Aetiologie symbiotischer Störungen. (S. 290)

Wie versteht FREUD "Symptome" ? (S. 290)

Was meint die Aussage, die Psychoanalyse mache differentielle Störungsaussagen ? (S. 290)

Stellen Sie die Hauptannahmen des bindungstheoretischen Modells von BOWLBY dar. (S. 293 - 294)

Erklären Sie, weshalb Explorationsverhalten Bindung voraussetzt. (S. 293)

Welche Faktoren determinieren den pathogenen Effekt von Deprivation ? (S. 294)

Wie erklärt BOWBLY das Entstehen von Phobien und Aengsten ? (S. 295)

Stellen Sie BOWLBYs Annahmen bezüglich der Entstehung von Depressionen dar. Kontrastieren Sie seine Hypothesen mit neueren Befunden. (S. 295)

Diskutieren Sie die drei Typen von Lernbedingungen, welche für die Entstehung von Störungen relevant sind. (S. 297 - 305)

Stellen Sie die "Drei-Phasen-Theorie" von EYSENCK & RACHMANN (1968) dar. (S. 298)

Wie lässt sich nach MOWRERs "Zwei-Prozess-Theorie" die Aufrechterhaltung von Angststörungen erklären ? (S. 298)

Resümieren Sie neuere Annahmen EYSENCKs (z.B. 1976) zur Entstehung von Humanneurosen. (S. 298)

Beschreiben Sie zentrale Aspekte des Depressionsmodells von FERSTER (1973) und LEWINSOHN (1974). (S. 299 - 300)

Wie lassen sich nach LEWINSOHN interindividuelle Reaktionsunterschiede auf Verstärkerverlust erklären ? (S. 299 - 300)

Skizzieren Sie die Aetiologieannahmen bezüglich depressiver Störungen bei BLOESCHL (1978). (S. 300)

Fassen Sie die Position von COSTELLO (1972) zur Rolle von Verstärkung und Depression zusammen. (S. 300)

Welche Annahmen über die Entstehung eines ungünstigen Attributionsstils kennen Sie ? (S. 303)

Analysefragen

Wie lassen sich psychische Störungen unter der Perspektive von Entwicklungs- aufgaben verstehen ? (S. 288)

Inwiefern kann man sagen, dass die von FREUD postulierten psychosexuellen Phasen Sequenzen von Entwicklungsaufgaben darstellen ? (S. 289)

Welche Probleme sehen Sie bei einer Theoriegewinnung sensu FREUD ? (S. 291)

Diskutieren Sie psychoanalytische Aetiologieannahmen im Lichte empirischer Forschungsbefunde. (S. 292)

Wie stellen Sie sich zur Aussage, die Erwerbstätigkeit der Mutter wirke sich im Sinne BOWLBYs negativ auf das Kind aus ? (S. 295 - 296)

Wie beurteilen Sie die empirische Absicherung der Hypothesen von BOWLBY ? (S. 295 - 297)

Welche Bedeutung kommt nach neueren Forschungsergebnissen einem ungünstigen Attibutionsstil für die Entstehung von Depressionen zu ? (S. 303)

Integrationsfragen

Wie beurteilen modernere Autoren (z.B. ERNST & Von LUCKNER, 1985) die Bedeutung von Trennungserlebnissen in der frühen Kindheit für die Entwicklung psychischer Störungen ? Kontrastieren Sie die Annahmen von BOWLBY mit denjenigen dieser Autoren. (S. 296)

Welchen Stellenwert für die Psychologie messen Sie dem Ansatz von BOWLBY bei ? (S. 295)

Wodurch unterscheiden sich die Störungsannahmen lerntheoretischer Modelle von psychoanalytischen ? (S. 297)

Thematisieren Sie allgemeine Risikobedingungen und protektive Faktoren für die Entwicklung von Störungen. (S. 305)

Fragen zu Kapitel 36: Sozialpsychologie: Aetiologie/Bedingungsanalyse

Wissensfragen

Thematisieren Sie aetiologierelevante sozialpsychologische Wirkfaktoren. (S. 309)

Welche Ebenen der Einwirkungen sozialpsychologischer Faktoren auf Störungen können beschrieben werden ? (S. 309)

Diskutieren Sie verschiedene Aspekte von Kommunikationsstörungen. (S. 310)

Was meint "instrumentelle Funktion" eines Verhaltens ? (S. 310)

Welche typischen Charakteristika kennzeichnen die Interaktion Depressiver ? (S. 310)

Welche Aspekte beinhaltet "soziale Kompetenz" ? (S. 312)

Differenzieren Sie "soziale Netzwerke" und "soziale Unterstützung". (S. 316)

Welche Formen sozialer Unterstützung kennen Sie ? (S. 316)

Welche Konstrukte werden in der Regel unter "soziale Kognitionen" subsumiert ? (S. 317)

Erläutern Sie das Phänomen der "sich selbsterfüllenden Prophezeiungen". (S. 319)

Definieren Sie "Kausalattribution". (S. 319)

Was versteht BANDURA unter "Ergebnis-Erwartung" und "Selbstwirksamkeits-Erwartung" ? (S. 321)

Verstehensfragen

Welche Annahmen macht die Austauschtheorie bezüglich der Erklärung gestörter Interaktionen ? (S. 311)

Skizzieren Sie das "Modell sozialer Fertigkeiten" von ARGYLE & KENDON (1967). (S. 312 - 313)

Erläutern Sie die Kernannahmen der "Doppel-Bindungs-Theorie". (S. 314)

Welche Bedeutung kommt "expressed emotions" für Aetiologieerklärungen bzw. das Verständnis von Störungsabläufen zu ? (S. 315)

Wie kann die Wirkungsweise der sozialen Unterstützung erklärt werden ? (S. 317)

Stellen Sie Modelle der direkten bzw. indirekten Einwirkung sozialer Unterstützung dar. (S. 317)

Skizzieren Sie die "Labeling-Theorie". (S. 318 - 319)

Erläutern Sie die kognitive Erweiterung der "Theorie der erlernten Hilflosigkeit" durch ABRAMSON, SELIGMAN & TEASDALE (1978). (S. 320)

Wie erklären kognitive Störungsaetiologiemodelle (z.B. BECK) die Spontanremission ? (S. 321)

Analysefragen

Wie ist die empirische Absicherung der "Doppel-Bindungs-Theorie" zu beurteilen ? (S. 315)

Welche Bedeutung kommt nach neueren Erkenntnissen der "Labeling-Theorie" für Aetiologieerklärungen zu ? (S. 319)

Diskutieren Sie die Bedeutung von Attributionsmodellen für die Aetiologie der Depression. (S. 321)

Wie stellen Sie sich zur Aussage: "Typ A-Verhalten führt generell zu erhöhtem Herzinfarktrisiko" ? (S. 314)

Integrationsfragen

Wie beurteilen Sie den Beitrag sozialpsychologischer Theorien zum Aetiologieverständnis psychischer Störungen ? (S. 322 - 323)

Fragen zu Kapitel 37: Soziologie: Aetiologie/Bedingungsanalyse

Wissensfragen

Womit befasst sich Soziologie als Wissenschaft ? (S. 325 - 327)

Welche Aspekt psychischer Störungen fokussiert die Soziologie speziell ? (325)

Diskutieren Sie den Begriff "soziale Norm". Welche anderen Normbegriffe kennen Sie ? (326; 31)

Was versteht man in der Soziologie unter "Position", "soziale Rolle", "Status" ? (S. 327)

Wodurch kommen Statusdifferenzen zustande ? (S. 328)

Welche beruflichen Faktoren und Konstellationen wirken sich besonders ungünstig auf das psychische und somatische Wohlbefinden aus ? (S. 334)

Verstehensfragen

Welche Bedeutung besitzen Normen für die Aetiologie psychischer Störungen ? (S. 326; 30)

Stellen Sie den "klassentheoretischen Ansatz" dar. (S. 328)

Resümieren Sie die Hauptmerkmale des "schichtungstheoretischen Ansatzes". (S. 329)

Nennen Sie Gründe, weshalb der Berufs- bzw. Erwerbsstruktur in unserer Gesellschaft grosse Bedeutung zukommt. (S. 329)

Wie erklären soziologische Theorien die Bedeutung der beruflichen Autonomie für die psychische Gesundheit ? (S. 331)

Skizzieren Sie das Kausalmodell beruflicher Einflussfaktoren auf persönliche Einstellungen von KOHN et al. (1983). (S. 331)

Analysefragen

Interpretieren Sie in psychologischen Begriffen das "Modell der beruflichen Gratifikationskrisen". (S. 333)

Integrationsfragen

Was leisten soziologische Beiträge für ein besseres Verständnis psychischer Störungen ? (S. 330 - 335)

Fragen zu Teil C: Aetiologie/Bedingungsanalyse Teil II: Determinanten psychischer Störungen

Wissensfragen

Was bedeutet "Phänogenetik" ? (S. 260)

Was versteht man unter "Polygenie" ? (264)

Wie hoch liegt das Erkrankungsrisiko bei "dominantem" bzw. "rezessivem" Erbgang ? (S. 272)

Was versteht man unter einem "Neurotransmitter" ? Geben Sie einen Ueberblick über bekannte Neurotransmitter. (S. 277)

Welche Forschungsmethoden verwendet die biologische Psychiatrie ? (S. 279)

Was versteht man unter "Entwicklungsaufgaben" ? (S. 288)

Welche psychosexuellen Phasen unterscheidet FREUD ? (S. 289)

Was bedeutet "Deprivation" ? Welche drei Deprivationsformen unterscheidet AINSWORTH ? Erläutern Sie diese. (S. 294)

Diskutieren Sie Typen von Lernbedingungen, welche bei der Entstehung von Störungen relevant sind. (S. 297 - 305)

Welche Subprozesse des Modellernens unterscheidet BANDURA ? (S. 302)

Nennen Sie Merkmale eines depressionsfördernden Attributionsstils. (S. 303)

Thematisieren Sie Ebenen der Einwirkungen sozialpsychologischer Faktoren auf Störungen. (S. 309)

Welche typischen Charakteristika kennzeichnen die Interaktionen von Depressiven ? (S. 310)

Erörtern Sie die Begriffe "soziale Netzwerke" bzw. "soziale Unterstützung". Welche Formen sozialer Unterstützung kennen Sie ? (S. 316)

Welche Erwartungsarten unterscheidet BANDURA ? Erläutern Sie diese. (S. 321)

Definieren Sie "Position", "soziale Rolle", "Status" als soziologische Begriffe. (S. 327)

Welche beruflichen Faktoren und Konstellationen wirken sich besonders ungünstig auf das psychische und somatische Wohlbefinden aus ? (S. 334)

Verstehensfragen

Was wissen Sie über die biochemische Wirkungsweise von Psychopharmaka ?
(S. 278 - 281)

Stellen Sie bekannte biologische Hypothesen zur Erklärung psychischer Störungen
dar. Welche Ergänzungen haben diese Modelle erfahren ? (S. 280; 282)

Resümieren Sie die Haupt- und Nebenwirkung einer Neuroleptikabehandlung.
Gehen Sie dabei nicht nur auf körperliche Veränderungen ein, sondern
thematisieren Sie speziell auch psychologische Aspekte. (S. 283)

Stellen Sie die Hauptannahmen des bindungstheoretischen Modells von BOWLBY
dar. (S. 293 - 294)

Wie erklärt BOWBLY die Entstehung von Phobien, Aengsten und Depressionen ?
(S. 295)

Wie erklären EYSENCK & RACHMANN die Entstehung von Phobien ? Wie
werden diese Störungen aufrechterhalten ? (S. 298)

Stellen Sie verschiedene psychologische Depressionsmodelle dar. (S. 297 - 303)

Welche Annahmen macht die Austauschtheorie bezüglich der Erklärung gestörter
Interaktionen ? (S. 311)

Welche Bedeutung für das Verständnis von Störungsverläufen kommt den
"expressed emotions" zu ? (S. 315)

Wie kann die Wirkungsweise der sozialen Unterstützung erklärt werden ? (S. 317)

Skizzieren Sie die Hauptannahmen der "Labeling-Theorie". (S. 318 - 319)

Erläutern Sie die kognitive Erweiterung der "Theorie der erlernten Hilflosigkeit"
durch ABRAMSON, SELIGMAN & TEASDALE (1978). (S. 320)

Welche Bedeutung besitzen Normen für die Aetiologie psychischer Störungen ?
(S. 326; 30)

Stellen Sie den "klassentheoretischen" bzw. "schichtungs-theoretischen" Ansatz dar.
(S. 328 - 329)

Analysefragen

Diskutieren Sie das Verhältnis zwischen Anlage und Umwelt und die Einflüsse
dieser beiden Komponenten auf das menschliche Verhalten. (S. 260)

Wie beurteilen Sie die Anlage-Umwelt-Interaktion bei Schizophrenien einerseits (S.
264) und Neurosen bzw. Persönlichkeitsstörungen andererseits ? (S. 266 - 268)

Diskutieren Sie die Relevanz biologischer Aetiologiemodelle bei psychischen Störungen. (S. 282)

Inwiefern ist eine Theoriegewinnung sensu FREUD problematisch ? (S. 291)

Diskutieren Sie psychoanalytische Aetiologieannahmen im Lichte empirischer Forschungsbefunde. (S. 292)

Kontrastieren Sie BOWLBYs Hypothesen zur Entstehung von Aengsten, Phobien und Depressionen mit neueren empirischen Befunden. (S. 295)

Wie stellen Sie sich zur Aussage, die Erwerbstätigkeit der Mutter wirke sich im Sinne BOWLBYs negativ auf das Kind aus ? (S. 295 - 296)

Welche Bedeutung kommt einem ungünstigen Attibutionsstil für die Entstehung bzw. Aufrechterhaltung von Depressionen nach neueren Forschungsergebnissen zu ? (S. 303)

Wie ist die empirische Absicherung der "Doppel-Bindungs-Theorie" zu beurteilen ? (S. 315)

Welche Bedeutung kommt nach neueren Erkenntnissen der "Labeling-Theorie" für Aetiologieerklärungen zu ? (S. 319)

Diskutieren Sie die Bedeutung von Attributionsmodellen für die Aetiologie der Depression. (S. 321)

Wie stellen Sie sich zur Aussage: "Typ A-Verhalten führt generell zu erhöhtem Herzinfarktrisiko" ? (S. 314)

Wie erklären soziologische Theorien die Bedeutung der beruflichen Autonomie für die psychische Gesundheit ? (S. 331)

Interpretieren Sie in psychologischen Begriffen das Modell der beruflichen Gratifikationskrisen. (S. 333)

Was leisten soziologische Beiträge für ein besseres Verständnis psychischer Störungen ? (S. 330 - 335)

Integrationsfragen

Welche Schlussfolgerungen ergeben sich aus der Tatsache, dass Geistige Behinderung oftmals genetisch bedingt ist (z.B. Down-Syndrom) für die psychologische Förderung und Therapie ? (S. 271 - 272)

Wie kann der Beitrag genetischer Determinanten für die Aetiologie psychischer Störungen generell beurteilt werden ? (S. 262 - 269)

Diskutieren Sie das Verhältnis zwischen Biologie und Psychologie. (S. 274 - 275)

Wie beurteilen modernere Autoren (z.B. ERNST & Von LUCKNER, 1985) die Bedeutung von Trennungserlebnissen in der frühen Kindheit für die Entwicklung von psychischen Störungen ? Kontrastieren Sie die Annahmen von BOWLBY mit denjenigen dieser Autoren. (S. 296)

Wodurch unterscheiden sich die Störungsannahmen lerntheoretischer Modelle von psychoanalytischen ? Welche Gemeinsamkeiten fallen Ihnen auf ? (S. 297)

Thematisieren Sie allgemeine Risikobedingungen und protektive Faktoren für die Entwicklung von Störungen. (S. 305)

Wie beurteilen Sie den Beitrag sozialpsychologischer Theorien zum Aetiologieverständnis psychischer Störungen ? (S. 322 - 323)

Anwendungsbeispiel

Herr Meyer hat mit 17 Jahren zum ersten Mal einen Psychiater wegen depressiver Verstimmungen und Suiziddrohungen aufgesucht. Neben Schlafstörungen klagte er über Interessenverlust sowie Konzentrationsstörungen. Im Gymnasium hatten sich seine Schulleistungen zusehends verschlechtert, er erwog einen Austritt. Nach einer Behandlung mit Antidepressiva ging es wieder besser. Mit 20 Jahren schaffte er das Abitur nicht, begann aber dennoch kurz darauf, auf dringendes Raten seiner Eltern, eine Ausbildung an einem Technikum. Im ersten Jahr der Ausbildung zeigten sich wiederum tiefe Verstimmungen, Leistungsstörungen und Suizidgedanken. Tagesschwankungen bezüglich des depressiven Grundgefühls waren nicht festzustellen. In der Anamnese ergab sich, dass die Schwangerschaft für die Mutter eine erhebliche Belastung dargestellt, die Geburt aber ohne Komplikationen stattgefunden hatte. Die Beziehung zwischen dem introvertierten, verschlossenen, etwas zwangshaften Vater und der warmherzigen, eher überbehütenden Mutter war seit einigen Jahren zerrüttet, zu einer Scheidung kam es nicht, da man gegen aussen kein Aufsehen erregen wollte und man Wege gefunden hatte, sich zu "arrangieren". Herr Meyer hatte bereits seit früher Kindheit das Gefühl, im Schatten seines um ein Jahr älteren Bruders zu stehen. Dieser war sozial geschickter und schien im Leben mehr zu erreichen als er. Die etwas unterkühlte familiäre Atmosphäre war insgesamt sehr leistungsorientiert. Das Verhältnis zum Bruder konkurrenzbetont, was die Eltern noch schürten. Als der Patient zweieinhalb Jahre alt war, musste die Mutter zur Kur, eine fremde Haushalthilfe versorgte die Familie während dreier Monate. Der Klient hat kaum Freunde.

> Er hatte bisher einige wechselhafte Beziehungen zu Frauen, die er aber meist nach kurzer Zeit abbrach. Derzeit fühlt er sich sehr einsam und klagt die Umwelt an, dass sie ihm zu wenig Zuwendung schenke. Während der Examensvorbereitung kamen erneut starke Selbstwertzweifel, Gedanken der eigenen Nutzlosigkeit, Angst und ein Gefühl der Hoffnungslosigkeit auf. Dazu kamen Streitigkeiten mit der Mutter wegen Geld und der Tatsache, dass er nur noch selten nach Hause komme. Sie warf ihm vor, er vernachlässige sie seit er eine eigene Wohnung habe, sei undankbar und schaue nur für sich. Tatsächlich sass er seit Tagen allein in der Wohnung, getraute sich nicht mehr aus dem Bett, vernachlässigte sich zusehends und weinte stundenlang.

Welche Diagnose würden Sie Herrn Meyer nach DSM-III-R stellen ? Ordnen Sie die gegebene Information auf den fünf Achsen ein.

Wo würden Sie die Störung in EYSENCKs Persönlichkeitsmodell lokalisieren ?

Wie lässt sich die Problematik bezüglich "Konditionierbarkeit" bzw. "Habituation" interpretieren ?

Welche Rolle spielen Emotionen und Motivation bei dieser Störung ?

Wie sähe eine multifaktorielle Analyse des Fallbeispiels aus ?

Diskutieren Sie genetische, biologische, psychoanalytische, bindungs- und lerntheoretische Aetiologiehypothesen, die als potentielle Einflussgrössen bezüglich dieser Störung in Frage kommen könnten.

Welchen Stellenwert messen Sie kognitiven ätiologischen Faktoren bzw. der Theorie des Modellernens für ein fundierteres Verständnis dieses Fallbeispiels zu ?

Skizzieren Sie eine Verhaltensanalyse des Fallbeispiels. Diskutieren Sie in diesem Zusammenhang v.a. die Annahmen von FERSTER und LEWINSOHN.

Welche Rolle könnten Attributionen bei der Störung von Herrn Meyer spielen ?

Diskutieren Sie sozialpsychologische Einflussgrössen.

Welche weiteren Informationen würden Sie sammeln, um zu einer fundierten Diagnose und Therapieplanung zu kommen ? Nennen Sie Diagnoseverfahren, welche Sie einsetzen würden.

BAND 2

Fragen zu Kapitel 1: Systematik der klinisch-psychologischen Intervention: Einleitung

Wissensfragen

Welche Interventionsmethoden können innerhalb der Psychologie unterschieden werden ? (S. 21)

Nennen Sie zentrale Charakteristika klinisch-psychologischer Interventionsmethoden. (S. 22 - 23)

Welche wichtigen Namen sollten im Zusammenhang mit der frühen wissenschaftlichen Psychotherapieentwicklung genannt werden ? (S. 22)

Differenzieren Sie unterschiedliche Interventionsebenen. (S. 23; 25)

Was versteht man unter "theoretischen (quasitheoretischen) Begriffen", "Dispositions"- und "Beobachtungsbegriffen" ? (S. 23)

Welche Ziele und Funktionen haben klinisch-psychologische Interventionen ? Illustrieren Sie diese Funktionen auf der Ebene der psychischen Funktionen bzw. Funktionsmuster und der Ebene interpersoneller Systeme anhand von Beispielen. (S. 24 - 25)

Wo ordnen Sie innerhalb der klinisch-psychologischen Funktionen die "Krisenintervention" ein ? (S. 24)

Welche Bereiche werden unter "psychische Funktionen" subsumiert ? (S. 25)

Verstehensfragen

Welche Rolle spielen "theoretische Begriffe", "Dispositions"- und "Beobachtungsbegriffe" beim therapeutischen Handeln ? (S. 23)

Grenzen Sie "psychologische Beratung" von "Training" und "Behandlung/Therapie" ab. (S. 25)

Analysefragen

Wo sehen Sie den Schwerpunkt einer Abgrenzung psychologischer Interventionen von medizinischen ? (S. 21)

Worin bestehen Unterschiede zwischen wissenschaftlich fundierten Psychotherapieverfahren (z.B. VT) und dem Exorzismus ? (S. 22)

Wie kann der Bereich der gesundheitspsychologischen Interventionen ins Spektrum der klinisch-psychologischen Interventionen eingeordnet werden ? (S. 26 - 27)

Fragen zu Kapitel 2: Gesundheitsversorgung

Wissensfragen

Definieren Sie Intervention aus einer Mikro- bzw. Makroperspektive. (S. 34)

Erläutern Sie Ziele und Inhalt der Gesundheitsversorgung. (S. 34; 38)

Resümieren Sie die Leitsätze der Expertenberichte zu Handen des Deutschen Bundestages 1975 und 1988. (S. 36; 37)

Skizzieren Sie Leitbilder für die Gesundheitsförderung. (S. 38 - 39)

Was versteht man unter "Krankheitsverhalten" ? Welche Stufen des Krankheitsverhaltens lassen sich unterscheiden ? (S. 40)

Erläutern Sie den Begriff "Standardversorgungsgebiet". (S. 41)

Nennen Sie Formen fachspezifischer Dienste. Erörtern Sie die einzelnen Institutionstypen. (S. 41 - 42)

Resümieren Sie Kriterien, welche bei einer Evaluation der Gesundheitsversorgung relevant sind. (S. 43; 66 - 68)

Welche Methoden erlauben eine Analyse der Inanspruchnahme psychosozialer Hilfsangebote ? (S. 43)

Verstehensfragen

Skizzieren Sie überblicksmässig die Geschichte der Gesundheitsversorgung. (S. 35)

Welche Systeme können bei Problemen angelaufen werden ? Stellen Sie das Stufenmodell des Hilfesuchens dar. (S. 40)

Stellen Sie die Berufssituation des Klinischen Psychologen in den deutschsprachigen Ländern Europas dar. (S. 44 - 48)

Analysefragen

Diskutieren Sie die Rolle des Klinischen Psychologen in der Gesundheitsversorgung. (S. 38)

Wie beurteilen Sie die praktische Umsetzung der Leitsätze der Expertenberichte von 1975 und 1988 in der Gesundheitsversorgung heute ? (S. 42)

Stellen Sie Ueberlegungen an, weshalb für eine Evaluation der Gesundheitsversorgung neben einer Analyse der Inanspruchnahme psychosozialer Hilfsangebote auch deren Nicht-Inanspruchnahme bedeutsam ist. (S. 43 - 44)

Diskutieren Sie Schwierigkeiten bei einer Evaluation der Gesundheitsversorgung. (S. 43 - 44)

Inwiefern ist es problematisch, die Psychotherapie z.B. in Gesetzgebungen von der Klinischen Psychologie zu lösen ? Diskutieren Sie generell berufsrechtliche Regelungen im Bereich Psychologie und Medizin. (S. 47)

Integrationsfragen

Diskutieren Sie Faktoren, welche bei der Realisierung einer befriedigenden Gesundheitsversorgung berücksichtigt werden sollten. (S. 36 - 48)

Fragen zu Kapitel 3: Wissenschaftstheoretische Grundbegriffe der klinisch-psychologischen Interventionsforschung

Wissensfragen

Was versteht man unter "Wissenschaftstheorie" ? (S. 52)

Erklären Sie "nomologisches Wissen" und spezifizieren Sie "deterministisches" versus "probabilistisches" nomologisches Wissen. (S. 53)

Skizzieren Sie zentrale Aspekte des "nomopragmatischen" und "technologischen" Wissens. (S. 53 - 54)

Inwiefern ist beim "technologischen Wissen" das Effektivitätskriterium zentral ? (S. 54)

Erläutern Sie die Hauptcharakteristika des "Tatsachenwissens". (S. 54)

Nennen Sie Kriterien, welche Interventionsmethoden erfüllen müssen, um als wissenschaftlich zu gelten. (S. 57 - 58)

Was versteht man unter "epistemischer" bzw. "heuristischer" Struktur ? (S. 59)

Verstehensfragen

Unterscheiden Sie "Alltagswissen", "wissenschaftlich fundiertes Wissen" und "Lehrmeinungen". (S. 53 - 54)

Analysefragen

Welche Bedeutung messen Sie den verschiedenen Wissensarten für klinisch-psychologische Interventionen bei ? (S. 54)

Unter welchen Voraussetzungen lassen sich klinisch-psychologische Interventionsmethoden als technologische Regeln interpretieren ? (S. 55)

Diskutieren Sie die Rolle von Heuristiken im Rahmen von Interventionen und ihre Verbindung zu technologischen Regeln. (S. 55)

Welche Schwierigkeiten sehen Sie bei einer Ableitung technologischer Handlungsempfehlungen aus nomologischen Aussagen? Diskutieren Sie Probleme eines direkten Transfers am Beispiel der Systematischen Desensibilisierung. (S. 56)

Erläutern Sie Bedeutung und Gefahren unwissenschaftlicher Therapieangebote (z.B. sensu LIMANI) einerseits in bezug auf die Gesundheitsversorgung, andererseits bezüglich berufspolitischer Interessen (z.B. staatliche Anerkennung, Kassenzulassungen, etc.) der akademischen Klinischen Psychologie und wissenschaftlich fundierter Psychotherapien. (S. 60)

Inwiefern sieht sich jeder Therapeut in seinem praktischen Handeln ständig mit normativen Sätzen bzw. Normen und Werten konfrontiert? (S. 61)

Ist die wissenschaftliche Begründung einer Interventionsmethode vom Zeitgeist abhängig? (S. 62)

Fragen zu Kapitel 4: Methodik der klinisch-psychologischen Interventionsforschung

Wissensfragen

Was bezweckt klinisch-psychologische Interventionsforschung? (S. 64 - 65)

Skizzieren Sie Leitbilder, welche für die Interventionsforschung relevant sind. (S. 65)

Beschreiben Sie die verschiedenen Phasen der Interventionsforschung. (S. 66)

Thematisieren Sie Evaluationskriterien, welche in der Interventionsforschung diskutiert werden. (S. 66 - 68)

Was versteht man unter "Analogstudien"? (S. 68 - 69)

Welche Formen von Kontrollgruppen kennen Sie? (S. 70 - 72)

Was bedeutet "Spontanremission"? Unterscheiden Sie Spontanremission im "engeren" und im "weiteren" Sinne. (S. 70)

Grenzen Sie "echte Placebos" von "Pseudo-Placebos" ab. (S. 71)

Erörtern Sie Bedeutung und Funktion von "Placebos" im Rahmen der klinischpsychologischen Interventionsforschung. (S. 71)

Was versteht man unter "Prozessforschung"? Welche Varianten der "Prozessforschung" können unterschieden werden? (S. 73)

Welche Parameter sind bei differentiellen Interventionsstudien wichtig ? (S. 73 - 75)

Verstehensfragen

Nennen Sie Gründe, welche eine wissenschaftliche und methodologische Beschäftigung mit klinisch-psychologischer Intervention nahelegen. (S. 64)

Inwiefern ist EYSENCK (1952) für die Psychotherapieforschung bedeutsam ? (S. 65)

Diskutieren Sie Effektivitätskriterien der modernen Interventionsforschung. (S. 66 - 68)

Welche Aspekte umfasst eine differenzierte Wirksamkeitsbeurteilung klinisch-psychologischer Interventionen ? (S. 67)

Nennen Sie Untersuchungsdesigns im Rahmen von Einzelfallstudien. (S. 69)

Analysefragen

Wo sehen Sie Vor- und Nachteile von "Analog-" bzw. "Einzelfallstudien" ? (S. 69)

Inwiefern ist in der Interventionsforschung ein differentielles Vorgehen notwendig ? (S. 72)

Welche Bedeutung kommt Ihrer Meinung nach der "Praxiskontrolle" zu ? (S. 76)

Thematisieren Sie Schwierigkeiten in bezug auf "Praxiskontrolle". (S. 76)

Fragen zu Kapitel 5: Prävention, Gesundheits- und Entfaltungsförderung: Systematik und allgemeine Aspekte

Wissensfragen

Was versteht man unter "Prävention"? (S. 80)

Stellen Sie die Differenzierung von CAPLAN (1964) in "primäre", "sekundäre" und "tertiäre" Prävention dar. (S. 80)

Unterscheiden Sie "spezifische" versus "unspezifische" Prävention und geben Sie die Zielsetzungen dieser präventiven Vorgehensweisen an. (S. 80)

Welche lebens- und entfaltungswichtigen Grundgüter thematisiert CAPLAN ? (S. 82)

Welche "Verhaltenspathogene" postuliert MATARAZZO ? (S. 84)

Nennen Sie Voraussetzungen für spezifische Präventionsprogramme. (S. 85; 93 - 94)

Welche psychologischen Mittel kommen im Rahmen von "Trainings" bevorzugt zum Einsatz ? (S. 90)

Welche Zielgruppen und Aspekte sollten umgebungsbezogene (systembezogene) präventive Interventionen fokussieren ? (S. 91)

Was bedeutet "Krisenintervention" ? Nennen Sie ihre wichtigsten Ziele. (S. 92 - 93)

Was versteht man unter "Orthopsychologie" ? (S. 95)

Verstehensfragen

Skizzieren Sie das Störungsverständnis von CAPLAN. (S. 82)

Geben Sie Beispiele für unspezifische Interventionsprogramme. (S. 84)

Stellen Sie das Gesundheits- bzw. Präventionskonzept von BECKER (1984) dar. (S. 82 - 84)

Wie beurteilen Sie die präventive Beeinflussbarkeit von "Typ-A-Verhaltensmustern" ? (S. 85)

Ist die Unterscheidung "risikogruppen-" versus "populationsbezogene" Prävention identisch mit "spezifischer" versus "unspezifischer" Prävention ? (S. 86)

Resümieren Sie das Modell der "Verhaltensänderungshierarchie" von MACCOBY & SOLOMON (1981). (S. 88)

Diskutieren Sie die wichtigsten Methoden der Prävention und ihre psychologischen Mittel. (S. 88 - 93)

Wann sind im Rahmen präventiver Konzepte psychologische Beratung, wann Trainingsmethoden indiziert ? (S. 90)

Analysefragen

Welche Konsequenzen für die praktische präventive Arbeit leiten sich aus der "Verhaltensänderungshierarchie" von MACCOBY & SOLOMON ab ? (S. 88)

Wo sehen Sie mögliche Rezipientengruppen, bei welchen Kriseninterventionen von besonderer Wichtigkeit sein könnten ? (S.93)

Diskutieren Sie Möglichkeiten und Schwierigkeiten einer wissenschaftlichen Ueberprüfung von Präventionsprogrammen. (S. 93 - 96)

Integrationsfragen

Klären Sie Unterschiede und Ueberschneidungen zwischen Prävention und Gesundheitspsychologie ab. (S. 80)

Fragen zu Kapitel 6.1.: Behandlung und Therapie (Psychotherapie) Systematik und allgemeine Aspekte

Wissensfragen

Wie sind klinisch-psychologische Behandlungs- und Therapiemethoden charakterisierbar ? (S. 99)

Welche Ziele verfolgen klinisch-psychologische Interventionen ? (S. 99)

Was versteht man unter "Indikation" ? (S. 100)

Unterscheiden Sie "selektive" und "adaptive" Indikation. (S. 100)

Definieren Sie "therapeutisches Lernen". (S. 102)

Erläutern Sie den Unterschied zwischen "klinischer" und "methodisierter" Urteilsbildung. (S. 103)

Zählen Sie wesentliche und häufige klinisch-psychologische Interventionsmittel auf und beschreiben Sie diese kurz. (S. 109 - 110)

Systematisieren Sie Behandlungs- und Therapieverfahren nach formalen Merkmalen (S. 111), nach Therapiezielen und theoretischer Ausrichtung. (S. 113 - 114)

Verstehensfragen

Skizzieren Sie therapieübergreifend die zeitliche Organisation (therapeutische Prozessphasen) von Psychotherapien. (S. 100 - 103)

Welche verschiedenen Zielebenen können im Rahmen von Interventionen definiert werden ? Erläutern Sie diese anhand von Beispielen. (S. 102)

Welche Phänomene subsumiert man allgemein unter "methodenübergreifende Therapeutenvariablen" ? Erläutern Sie diese. (S. 104)

Resümieren Sie zentrale Aspekte "methodenübergreifender Klientenvariablen". (S. 105)

Analysefragen

Thematisieren Sie Einflussvariablen auf den therapeutischen Lernprozess. (S. 104)

Welchen Aspekten der Therapeut-Klient-Beziehung messen Sie besondere Bedeutung zu ? (S. 106)

Welche Bedeutung spielen soziale, institutionelle und soziokulturelle Kontextvariablen für das therapeutische Lernen ? (S. 108)

Integrationsfragen

Welche methodenübergreifenden Gemeinsamkeiten kann man über verschiedene Ansätze klinisch-psychologischer Interventionen hinweg feststellen ? (S. 100 - 108)

Inwiefern kann davon ausgegangen werden, dass therapeutisches Lernen in allen therapeutischen Ansätzen zum Tragen kommt ? (S. 102)

Fragen zu Kapitel 6.2.: Psychoanalytisch orientierte Intervention

---

Wissensfragen

Welche Bedeutung im Rahmen der Gesundheitsversorgung kommt heute der klassischen Liegungs-Analyse zu ? (S. 118)

Bei welchen Störungen sind psychoanalytisch begründete Therapieverfahren indiziert ? (S. 119)

Erläutern Sie die "psychoanalytische Grundregel". (S. 120)

Was versteht man unter "gleichschwebender Aufmerksamkeit" ? (S. 120)

Welches sind die hauptsächlichen therapieprozessbezogenen Ziele einer psychoanalytischen Intervention ? (S. 121)

Welche Interventionsvarianten innerhalb der psychoanalytisch fundierten Interventionen kennen Sie ? (S. 122 - 123)

Unter welchen Bedingungen zeigen Deutungen im Therapieprozess die beste Wirkung ? (S. 125)

Verstehensfragen

Beschreiben Sie das typische Therapeutenverhalten im psychoanalytischen Interventionssetting. (S. 117; 120)

Wie wird aus psychoanalytischer Sicht die Wirkungsweise einer psychoanalytischen Behandlung erklärt ? (S. 117)

Resümieren Sie wichtige Merkmale der tiefenpsychologisch fundierten Psychotherapie und der analytischen Psychotherapie. (S. 117)

Skizzieren Sie das Gesundheitsverständnis von FREUD. (S. 118)

Beschreiben Sie das Therapeutenverhalten in psychoanalytisch orientierten Interventionsverfahren und thematisieren Sie speziell die Rolle des Deutens. (S. 120 - 121)

Erklären Sie das Phänomen der "Uebertragung". (S. 121)

Zeigen Sie die Beziehung zwischen Deutung und emotionaler Erfahrung im psychoanalytischen Therapieprozess auf. (S. 121)

Nennen Sie spezifische Wirkfaktoren der analytischen Therapie. (S. 124)

Analysefragen

Welches sind Therapieziele in den verschiedenen psychoanalytisch orientierten Interventionsverfahren ? (S. 118 - 119)

Welche Rolle spielt die therapeutische Beziehung im Rahmen der psychoanalytischen Intervention ? (S. 120 - 121; 125)

Wie beurteilen Sie die Wirksamkeit psychoanalytischer Behandlungsmethoden ? Referieren Sie empirische Ergebnisse. (S. 124)

Wie lassen sich die Wirkung von "Deutung" und "Durcharbeiten" psychoanalytisch bzw. lerntheoretisch erklären ? (S. 126 - 127)

Integrationsfragen

Wie kann der psychoanalytische Therapieprozess auf der Basis anderer Theorien reinterpretiert werden ? (S. 126 - 127)

Fragen zu Kapitel 6.3.: Verhaltenstherapeutisch orientierte Intervention

Wissensfragen

Charakterisieren Sie "Verhaltenstherapie". (S. 129)

Was versteht man unter "strategischer" bzw. "taktischer" Therapieplanung ? (S. 131)

Unterscheiden Sie "Flucht-" und "Meideverhalten". (S. 134)

Erklären Sie die folgenden Begriffe: "positiver Verstärker", "negativer Verstärker", "positive Verstärkung", "negative Verstärkung", "direkte und indirekte Bestrafung". (S. 134)

Welche Analyse- und Interventionsebenen werden in der Regel im Rahmen einer Verhaltenstherapie berücksichtigt ? (S. 136)

Welche therapeutischen Verfahren werden den Selbstkontrollansätzen zugeordnet ? (S. 137)

Unterscheiden Sie die drei Phasen im Ablauf des "Stressimpfungs-Trainings". (S. 139)

Verstehensfragen

Skizzieren Sie das Störungsverständnis der Verhaltenstherapie. (S. 129)

Erörtern Sie das System-Modell psychischer Störungen von KANFER & SCHEFFT. (S. 130)

Wie werden in der Verhaltenstherapie Therapieziele festgelegt ? Diskutieren Sie Ueberlegungen, welche für eine Festlegung der Therapieziele eine wesentliche Rolle spielen. (S. 130 - 131)

Resümieren und erläutern Sie Techniken der Stimuluskontrolle. (S. 132 - 133)

Beschreiben Sie Verfahren der Konsequenzkontrolle. (S. 134)

Unterscheiden und erörtern Sie die verschiedenen Subprozesse beim Modellernen. (S. 135)

Welche Vorteile hat das Modellernen gegenüber anderen Formen des Lernens ? (S. 135)

Für welche Anwendungsbereiche eignet sich das Modellernen besonders ? Führen Sie ein Beispiel an. (S. 135)

Stellen Sie den Selbstkontrollansatz von KANFER (1970) dar. (S. 136 - 137)

Skizzieren Sie die Ansätze von BECK und ELLIS und akzentuieren Sie wesentliche Aspekte dieser Therapiekonzepte. (S. 138)

Erklären Sie die Bedeutung innerer Monologe für die psychische Gesundheit. (S. 138 - 139)

Führen Sie Argumente für und wider Verhaltenstherapie in Gruppen an. (S. 139)

Was versteht man unter dem "Mediatoren-Modell" ? Stellen Sie den Ansatz anhand eines Beispiels dar. (S. 140)

Wo sehen Sie Anwendungsmöglichkeiten des Mediatorenansatzes ? (S. 140)

Analysefragen

Welche Bedeutung kommt der Vermittlung eines plausiblen Aetiologie- und Therapie-Modells für den Therapieprozess zu ? (S. 132)

Welche Rolle spielen "Selbstkontrolle" und "Selbstmanagement" im Therapieprozess einer modernen Verhaltenstherapie ? (S. 133; 135)

Welche Probleme sehen Sie bei der Anwendung von Aversionsverfahren ? (S. 134)

Diskutieren Sie Vor- und Nachteile von Selbstkontrollansätzen gegenüber anderen Interventionsstrategien. (S. 137)

Welche Bedeutung messen Sie Problemlösetrainings zu ? Diskutieren Sie ihre Anwendungsmöglichkeiten bei verschiedenen Klientengruppen. (S. 138)

Inwiefern spielen "Stress-Impfungs-Trainings" innerhalb der Verhaltensmedizin und Gesundheitspsychologie eine wichtige Rolle ? (S. 139)

Wie beurteilen Sie die Wirksamkeit der verschiedenen verhaltenstherapeutischen Methoden ? (S. 141 - 142)

Integrationsfragen

Wie sehen Sie die Beziehung der Verhaltenstherapie zu den Lerntheorien ? (S. 129)

Wie kann die Wirkung von Konfrontationsverfahren (z.B. systematische Desensibilisierung) erklärt werden ? Führen Sie mehrere Erklärungsansätze an. (S. 132 - 133)

Ueberlegen Sie die Bedeutung der Verhaltenstherapie auf verschiedenen Interventionsebenen (Individuum, Familie, Gruppe, soziale Systeme, Gemeinde, Sozietät). (S. 139 - 141)

Fragen zu Kapitel 6.4.: Gesprächspsychotherapeutisch orientierte Intervention

Wissensfragen

Was versteht ROGERS unter "Selbstaktualisierungstendenz" ? (S. 147)

Nennen Sie ein verbreitetes Messinstrument zur Operationalisierung der Real-Ideal-Selbstbilddiskrepanz. (S. 147)

Welche Therapiezielebenen lassen sich in der Gesprächspsychotherapie unterscheiden ? (S. 148)

Erläutern Sie die drei Basisvariablen nach ROGERS. (S. 150)

Nennen Sie Therapeutenvariablen, welche neben Empathie, Wertschätzung und Selbstkongruenz für den Therapieprozess bedeutsam sein können. (S. 152)

Verstehensfragen

Skizzieren Sie das Störungsverständnis der Gesprächspsychotherapie nach ROGERS. Gehen Sie speziell auf die Rolle des Selbstkonzepts ein. (S. 146 - 147)

Welche Kriterien sollten bei der Indikation einer Gesprächspsychotherapie berücksichtigt werden ? (S. 149 - 150)

Beschreiben Sie Prozess und Therapiesituation einer Gesprächspsychotherapie-
sitzung und thematisieren Sie in diesem Zusammenhang speziell die Bedeutung der
therapeutischen Basisvariablen. Welche Klientenvariable ist für das Gelingen der
Therapie wesentlich ? (S. 150 - 151)

Worauf führt ROGERS Veränderungen des Störungsbildes im Verlauf der
Gesprächspsychotherapie zurück ? (S. 151)

Erläutern Sie Vorgehen und Bedeutung des "Focusing" nach GENDLIN. (S. 153)

Stellen Sie Untersuchungszugänge innerhalb der empirischen Wirksamkeitsunter-
suchungen der Gesprächspsychotherapie dar. (S. 155)

Analysefragen

Wie beurteilen Sie die Aussagekraft des ätiologischen Konzepts von ROGERS
bezüglich diverser Störungsbilder (z.B. Depression, Angst, psychosomatische
Störungen) ? (S. 148)

Wo sehen Sie Probleme bei einer Zieldefinition in Dispositionsbegriffen wie sie in
der Gesprächspsychotherapie vorgenommen wird ? (S. 148 - 149)

Welche Rolle spielt eine definierte Störung in der Gesprächspsychotherapie bei der
Festlegung der Therapieziele ? (S. 149)

Wo sehen Sie Anwendungsbereiche für Gesprächspsychotherapie in Systemen und
Institutionen ? (S. 154)

Gibt es empirische Evidenz für die, der Gesprächspsychotherapie
zugrundeliegenden Theorie ? (S. 155 - 156)

Referieren Sie Alternativerklärungen zu derjenigen der orthodoxen Gesprächspsychotherapie hinsichtlich der Wirkungsweise dieser Therapieform. (S. 157 - 158)

Fragen zu Kapitel 6.5: Psychopharmakotherapie

Wissensfragen

Was versteht man unter "Psychopharmaka" ? (S. 161)

Welche Klassen von "Psychopharmaka" können unterschieden werden ? (S. 161)

Bei welchen Störungsbildern können Neuroleptika indiziert sein ? (S. 162)

Beschreiben Sie Haupt- und Nebenwirkungen von Neuroleptika. (S. 162; 164)

Was bedeutet "Pharmakokinetik" und "Pharmakodynamik" ? (S. 163 - 164)

Welche zwei Hauptkategorien von Antidepressiva kennen Sie ? (S. 166)

Beschreiben Sie Nebenwirkungen von Antidepressiva generell und Lithium speziell. (S. 166)

Was versteht man unter einem "Tranquilizer" ? (S. 167)

Was lässt sich hinsichtlich Nebenwirkungen bei Tranquilizern aussagen ? (S. 167)

Bei welchen Störungen werden Stimulantien therapeutisch eingesetzt ? (S. 169)

Was bedeutet "Narkolepsie" ? (S. 169)

Was versteht man unter "Nootropika" ? (S. 169)

Verstehensfragen

Grenzen Sie Psychopharmaka von Genuss- bzw. Suchtmitteln und Schmerzmitteln ab. (S. 161)

Welche Merkmale unterscheiden Neuroleptika von Tranquilizern und Schlafmitteln ? (S. 162)

Resümieren Sie Annahmen über Wirkmechanismen von Neuroleptika. (S. 164)

Beschreiben Sie Indikation und Wirkungsweise von Antidepressiva. (S. 164 - 166)

Referieren Sie Annahmen bezüglich der Wirkungsweise von Benzodiazepinen. (S. 168)

Analysefragen

Wo sehen Sie Probleme bei Tranquilizern ? (S. 168)

Diskutieren Sie Indikation und mögliche Kombinationen von Psychotherapie und Psychopharmakaabgabe bei psychischen Störungen. (S. 170)

Thematisieren Sie Schwierigkeiten bei Vergleichsuntersuchungen zum Effektivitätsnachweis von Tranquilizern gegenüber nicht-medikamentöser Behandlung. (S. 171)

Wie beurteilen Sie die Bedeutung psychopharmakologischer Interventionen ? Welcher Stellenwert sollte ihnen im Rahmen der Behandlung von psychischen Störungen zukommen ? (S. 173)

Integrationsfragen

Was lässt sich zur Indikation von Psychopharmakatherapien bei neurotischen und funktionell-körperlichen Störungen aussagen ? Welche Kriterien und Umstände empfehlen eine kombinierte Interventionsvariante (Psychotherapie mit medikamentöser Begleittherapie) ? (S. 172)

Fragen zu Kapitel 7: Rehabilitation: Systematik und allgemeine Aspekte

Wissensfragen

Welche Aspekte definieren "Behinderung" ? Führen Sie die von der WHO hervorgehobenen Kriterien an. (S. 175)

Nach welchen Kriterien lassen sich Kategorien von Behinderungen unterteilen ? (S. 175)

Was versteht man unter "Rehabilitation" ? Umreissen Sie ihre generellen Ziele und Aufgaben. (S. 175; 24)

Skizzieren Sie das Leistungsspektrum rehabilitativer Massnahmen. (S. 176)

Was versteht man unter "medizinischer", "beruflicher" bzw. "schulischer" Rehabilitation ? (S. 176 - 177)

Unterscheiden Sie "formative" versus "summative" und "interne" versus "externe" Evaluation in der Rehabilitationsforschung. (S. 178)

Nennen Sie Bereiche und Themen der Frühförderung. (S. 181)

Welche chronischen körperlichen Erkrankungen sind Ihnen bekannt ? (S. 183)

Was versteht man unter "Krankheitsverarbeitung" ? (S. 184 - 185)

Verstehensfragen

Stellen Sie Aufgaben der "psychosozialen Rehabilitation" dar. (S. 177)

Welche Phasen im Rehabilitationsprozess können unterschieden werden ? Erläutern Sie die einzelnen Phasen. (S. 177)

Thematisieren Sie wesentliche Evaluationsbereiche in der Rehabilitationsforschung. (S. 178)

Welche Modelle der Evaluationsforschung kennen Sie ? Stellen Sie ihre wichtigsten Merkmale dar. (S. 179)

Beschreiben Sie das "Goal Attainment Scaling". (S. 179)

Analysefragen

Nennen Sie Kritikpunkte am heutigen Rehabilitationssystem. (S. 177)

Diskutieren Sie die Bedeutung der Frühförderung im Rahmen psychischer Auffälligkeiten bzw. geistiger Behinderung. (S. 181 - 182)

Thematisieren Sie Missbrauchsmöglichkeiten von Evaluation in der Rehabilitation. (S. 179 - 180)

Welche Aspekte sind bei einer Behinderung zu einem besseren Verständnis der Lage und als Ansatzpunkte für Interventionen zu berücksichtigen ? (S. 182 - 183)

Thematisieren Sie mögliche Auswirkungen der Behinderung eines Kindes auf seine Eltern. (S. 183)

Welche Aspekte sind bei der Adaptation an eine chronische Erkrankung zu berücksichtigen ? Welche Besonderheiten ergeben sich daraus für psychologische Interventionen ? (S. 185 - 186)

Diskutieren Sie Schwierigkeiten bei der beruflichen Integration von psychisch Kranken. Welche Faktoren wirken sich günstig, welche ungünstig auf eine berufliche Integration aus ? (S. 186 - 188)

Suchen Sie Gründe dafür, weshalb Aufklärungskampagnen keine hinreichenden Bedingungen darstellen, um Einstellungen und Haltungen gegenüber Behinderten positiv zu beeinflussen. (S. 189 - 190)

Integrationsfragen

Diskutieren Sie, auf welchen Ebenen, mittels welcher Mittel und unter Berücksichtigung welcher Aspekte eine idealtypische Rehabilitation Behinderter erfolgen sollte. (S. 181 - 190)

> ## Fragen zu Teil A: Grundlagen: Methodenübergreifende und störungsübergreifende Aspekte

Wissensfragen

Welche Interventionsmethoden können innerhalb der Psychologie unterschieden werden ? (S. 21)

Nennen Sie zentrale Charakteristika klinisch-psychologischer Interventionsmethoden. (S. 22 - 23)

Welche Ziele und Funktionen haben klinisch-psychologische Interventionen ? Illustrieren Sie diese Funktionen auf der Ebene der psychischen Funktionen bzw. Funktionsmuster und der Ebene interpersoneller Systeme anhand von Beispielen. (S. 24 - 25)

Erläutern Sie Ziele und Themen der Gesundheitsversorgung. (S. 34; 38)

Was versteht man unter "Krankheitsverhalten" ? Welche Stufen des Krankheitsverhaltens lassen sich unterscheiden ? (S. 40)

Welche Methoden erlauben eine Analyse der Inanspruchnahme psychosozialer Hilfsangebote ? (S. 43)

Skizzieren Sie zentrale Aspekte des "nomopragmatischen" bzw. "technologischen" Wissens. (S. 53 - 54)

Nennen Sie Kriterien, welche Interventionsmethoden erfüllen müssen, um als wissenschaftlich zu gelten. (S. 57 - 58)

Nennen Sie Ziele der klinisch-psychologischen Interventionsforschung. (S. 64 - 65)

Beschreiben Sie die verschiedenen Phasen der Interventionsforschung. (S. 66)

Was versteht man unter "Prävention"? Welche Arten von Prävention kennen Sie ? (S. 80)

Welche lebens- und entfaltungswichtigen Grundgüter thematisiert CAPLAN (1964) ? (S. 82)

Welche "Verhaltenspathogene" postuliert MATARAZZO (1984) ? (S. 84)

Was versteht man unter "Krisenintervention" bzw. "Trainings" ? Welche psychologischen Mittel kommen bei diesen Methoden bevorzugt zum Einsatz ? (S. 90 - 93)

Welche Zielgruppen und Aspekte sollten umgebungsbezogene (systembezogene) präventive Interventionen fokussieren ? (S. 91)

Was versteht man unter klinisch-psychologischen Behandlungs- und Therapiemethoden ? Wie sind sie charakterisierbar ? (S. 99)

Definieren Sie "Indikation" und ihre verschiedenen Formen. (S. 100)

Erörtern Sie "therapeutisches Lernen". (S. 102)

Erläutern Sie den Unterschied zwischen "klinischer" und "methodisierter" Urteilsbildung. (S. 103)

Was versteht man unter methodenübergreifenden Therapievariablen ? (S. 103 - 108)

Zählen Sie gebräuchliche klinisch-psychologische Interventionsmittel auf und veranschaulichen Sie diese anhand konkreter Interventionsbeispiele. (S. 109 - 110)

Welche Interventionsvarianten innerhalb psychoanalytisch fundierter Interventionen kennen Sie ? (S. 122 - 123)

Wie beurteilen Sie die allgemeine Wirksamkeit psychoanalytischer Behandlungen ? (S. 124)

Erklären Sie die folgenden Begriffe: "positiver Verstärker", "negativer Verstärker", "positive Verstärkung", "negative Verstärkung", "direkte und indirekte Bestrafung". (S. 134)

Welche Analyse- und Interventionsebenen werden in der Regel im Rahmen einer Verhaltenstherapie berücksichtigt ? (S. 136)

Welche Therapiezielebenen werden in der Gesprächspsychotherapie unterschieden ? (S. 148)

Beschreiben Sie die drei Basisvariablen nach ROGERS. Nennen Sie weitere Therapeutenvariablen, welche für den Therapieprozess bedeutsam sein können. (S. 150; 152)

Was versteht man unter "Psychopharmaka" ? Welche Klassen von Psychopharmaka können unterschieden werden ? (S. 161)

Beschreiben Sie Indikation und Haupt- bzw. Nebenwirkungen von Neuroleptika. (S. 162; 164)

Welche Psychopharmaka neben Neuroleptika kennen Sie ? Geben Sie eine Uebersicht über deren jeweilige Indikation. (S. 164 - 169)

Was versteht man unter "Rehabilitation" ? Umreissen Sie ihre generellen Ziele, Aufgaben und Subformen. (S. 175 - 177; 24)

Unterscheiden Sie die diversen Evaluationsarten in der Rehabilitationsforschung. (S. 178)

Verstehensfragen

Thematisieren Sie verschiedene psychologische Interventionsmöglichkeiten. (S. 25)

Stellen Sie das Stufenmodell des Hilfesuchens dar. Welche Instanzen werden bei Problemen in welcher Reihenfolge angelaufen ? Diskutieren Sie Probleme, welche sich daraus ergeben können. (S. 40)

Unterscheiden Sie "Alltagswissen", "wissenschaftlich fundiertes Wissen" und "Lehrmeinungen". (S. 53 - 54)

Nennen Sie Gründe, welche eine wissenschaftliche und methodologische Beschäftigung mit klinisch-psychologischer Intervention nahelegen. (S. 64)

Diskutieren Sie Effektivitätskriterien der modernen Interventionsforschung. (S. 66 - 68)

Welche Aspekte umfasst eine differenzierte Wirksamkeitsbeurteilung klinisch-psychologischer Interventionen ? (S. 67)

Geben Sie Beispiele für "spezifische" bzw. "unspezifische" Interventions-programme. (S. 84 - 85)

Ist die Unterscheidung "risikogruppen-" versus "populationsbezogene" Prävention identisch mit "spezifischer" versus "unspezifischer" Prävention ? (S. 86)

Diskutieren Sie die wichtigsten Methoden der Prävention und die in diesem Rahmen eingesetzten psychologischen Mittel. (S. 88 - 93)

Referieren Sie das Modell der "Verhaltensänderungshierarchie" von MACCOBY & SOLOMON (1981). (S. 88)

Skizzieren Sie die zeitliche Organisation (therapeutische Prozessphasen) von Psychotherapien. (S. 100 - 103)

Wie wird aus psychoanalytischer Sicht die Wirkungsweise einer psychoanalytischen Behandlung erklärt ? (S. 117)

Skizzieren Sie das Gesundheitsverständnis von FREUD. (S. 118)

Beschreiben Sie das Therapeutenverhalten in psychoanalytisch orientierten Interventionsverfahren und thematisieren Sie speziell die Rolle des Deutens. (S. 120 - 121)

Nennen Sie spezifische Wirkfaktoren der psychoanalytischen Therapie. (S. 124)

Erörtern Sie Ziele, Störungsverständnis und Vorgehen in der Verhaltenstherapie. (S. 129)

Wie werden in der Verhaltenstherapie Therapieziele festgelegt ? Diskutieren Sie Ueberlegungen, welche bei einer Festlegung der Therapieziele eine wesentliche Rolle spielen. (S. 130 - 131)

Erläutern Sie Techniken der Stimulus- bzw. Konsequenzkontrolle. Illustrieren Sie die Methoden an konkreten Beispielen. (S. 132 - 134)

Unterscheiden und erläutern Sie die verschiedenen Subprozesse beim Modellernen. (S. 135)

Welche Vorteile hat das Modellernen gegenüber anderen Formen des Lernens ? (S. 135)

Skizzieren Sie die Ansätze von BECK und ELLIS und akzentuieren Sie wesentliche Aspekte dieser Therapiekonzepte. (S. 138)

Was versteht man unter dem "Mediatoren-Modell" ? Stellen Sie den Ansatz anhand eines Beispiels aus der Gerontologie dar. (S. 140)

Skizzieren Sie das Störungsverständnis der Gesprächspsychotherapie nach ROGERS. Gehen Sie bei Ihrer Diskussion speziell auf die Rolle des Selbstkonzepts ein. (S. 146 - 147)

Beschreiben Sie Prozess und Therapiesituation einer Gesprächspsychotherapie-sitzung und thematisieren Sie in diesem Zusammenhang besonders die Bedeutung der Basisvariablen. Welche Klientenvariable ist für das Gelingen der Therapie wichtig ? (S. 150 - 151)

Worauf führt ROGERS Veränderungen des Störungsbildes im Verlauf der Gesprächspsychotherapie zurück ? (S. 151)

Grenzen Sie "Psychopharmaka" von Genuss- bzw. Sucht- und Schmerzmitteln ab. (S. 161)

Welche Merkmale unterscheiden Neuroleptika von Tranquilizern und Schlaf-mitteln ? (S. 162)

Beschreiben Sie das "Goal Attainment Scaling". (S. 179)

Analysefragen

Worin bestehen Unterschiede zwischen wissenschaftlich fundierten Psychotherapieverfahren (z.B. VT) und dem Exorzismus ? (S. 22)

Wie kann der Bereich der gesundheitspsychologischen Interventionen ins Spektrum der klinisch-psychologischen Interventionen eingeordnet werden ? (S. 26 - 27)

Stellen Sie Ueberlegungen an, weshalb für eine Evaluation der Gesundheits-versorgung neben einer Analyse der Inanspruchnahme psychosozialer Hilfsangebote auch deren Nicht-Inanspruchnahme bedeutsam ist. (S. 43 - 44)

Diskutieren Sie Schwierigkeiten bei einer Evaluation der Gesundheitsversorgung. (S. 43 - 44)

Unter welchen Voraussetzungen lassen sich klinisch-psychologische Interventionsmethoden als technologische Regeln interpretieren ? (S. 55)

Welche Schwierigkeiten sehen Sie bei einer Ableitung technologischer Handlungsempfehlungen aus nomologischen Aussagen ? Diskutieren Sie Probleme eines direkten Transfers am Beispiel einer Expositionstechnik (z.B. Flooding). (S. 56)

Erläutern Sie Bedeutung und Gefahren unwissenschaftlicher Therapieangebote (z.B. sensu LIMANI) einerseits in bezug auf die Gesundheitsversorgung, andererseits bezüglich berufspolitischer Interessen (z.B. staatliche Anerkennung, Kassenzulassungen, etc.) der akademischen Klinischen Psychologie und wissenschaftlich fundierter Psychotherapien. (S. 60)

Inwiefern sieht sich jeder Therapeut in seinem praktischen Handeln mit normativen Sätzen bzw. Normen und Werten konfrontiert ? (S. 61)

Weshalb ist in der Interventionsforschung ein differentielles Vorgehen notwendig ? Diskutieren Sie die Frage vor dem Hintergrund, dass sich Psychoanalyse, Verhaltenstherapie und Gesprächspsychotherapie in Vergleichsuntersuchungen als gleich wirksam erwiesen haben. (S. 72)

Welche Bedeutung kommt Ihrer Meinung nach der Praxiskontrolle zu ? (S. 76 - 77)

Zeigen Sie das Verhältnis von Deutung und emotionaler Erfahrung im psychoanalytischen Therapieprozess auf. Wie lassen sich die Wirkung von Deutung und Durcharbeiten psychoanalytisch bzw. lerntheoretisch erklären ? (S. 121; 126 - 127)

Welche Bedeutung kommt der Vermittlung eines plausiblen Aetiologie- und Therapie-Modells für den Therapieprozess zu ? (S. 132)

Welche Rolle spielen "Selbstkontrolle" und "Selbstmanagement" im Therapieprozess einer Verhaltenstherapie ? (S. 133; 135)

Wo sehen Sie Probleme bei der Anwendung von Aversionsverfahren ? Diskutieren Sie diese Methoden auf dem Hintergrund berufsethischer Ueberlegungen z.B. bei Homosexualität bzw. schweren Angststörungen. (S. 134)

Inwiefern spielen "Stress-Impfungs-Trainings" innerhalb der Verhaltensmedizin eine wichtige Rolle ? (S. 139)

Wie beurteilen Sie insgesamt die Wirksamkeit der verschiedenen verhaltenstherapeutischen Interventionsmethoden ? (S. 141 - 142)

Wo sehen Sie Probleme bei einer Zieldefinition in Dispositionsbegriffen wie sie in der Gesprächspsychotherapie vorgenommen wird ? (S. 148 - 149)

Welche Rolle spielt eine definierte Störung in der Gesprächspsychotherapie bei der Festlegung der Therapieziele ? (S. 149)

Referieren Sie Alternativerklärungen zu derjenigen der orthodoxen Gesprächspsychotherapie hinsichtlich der Wirkungsweise dieser Therapieform. (S. 157 - 158)

Diskutieren Sie Indikation und Kombination von Psychotherapie und Psychopharmakaabgabe bei psychischen Störungen (z.B. Schizophrenie, Depression, Angststörungen). (S. 170)

Wie beurteilen Sie die Bedeutung psychopharmakologischer Interventionen ? Welcher Stellenwert sollte ihnen im Rahmen der Behandlung psychischer Störungen zukommen ? (S. 173)

Thematisieren Sie Auswirkungen der Behinderung eines Kindes auf seine Eltern. (S. 183)

Welche Aspekte sind bei der Adaptation an eine chronische Erkrankung zu berücksichtigen ? Welche Besonderheiten ergeben sich daraus für psychologische Interventionen ? (S. 185 - 186)

Diskutieren Sie Schwierigkeiten bei der beruflichen Integration von psychisch Kranken. Welche Faktoren wirken sich günstig, welche ungünstig auf eine berufliche Integration aus ? (S. 186 - 188)

Integrationsfragen

Diskutieren Sie Faktoren, welche bei der Realisierung einer befriedigenden Gesundheitsversorgung berücksichtigt werden sollten. (S. 36 - 48)

Welche methodenübergreifenden Gemeinsamkeiten kann man über verschiedene Ansätze klinisch-psychologischer Interventionen hinweg feststellen ? (S. 100 - 108)

Inwiefern kann angenommen werden, dass therapeutisches Lernen in allen therpeutischen Ansätzen zum Tragen kommt ? (S. 102)

Wie sehen Sie die Beziehung der Verhaltenstherapie zu den Lerntheorien ? (S. 129)

Welche Reinterpretationen des psychoanalytischen Therapieprozesses auf der Basis anderer Theorien können vorgenommen werden ? (S. 126 - 127)

Was lässt sich zur Indikation von Psychopharmakatherapie bei neurotischen und funktionell-körperlichen Störungen aussagen ? Welche Kriterien und Umstände empfehlen eine kombinierte Interventionsvariante (Psychotherapie mit medikamentöser Begleittherapie) ? (S. 172)

Diskutieren Sie, auf welchen Ebenen, mittels welcher Mittel, unter Berücksichtigung welcher Aspekte eine idealtypische Rehabilitation Behinderter erfolgen sollte. (S. 181 - 190)

Anwendungsbeispiel

Susanne, 23 Jahre alt, ist seit fünf Jahren drogensüchtig. Neben Heroin konsumiert sie je nach Verfügbarkeit Kokain, Amphetamine oder Alkohol. Seit mehreren Jahren arbeitete sie nur noch in kürzeren Gelegenheitsjobs, seit einigen Monaten bestreitet sie ihren Lebensunterhalt durch Betteln auf der Strasse und mit Sozialfürsorgebeiträgen. Zu einem geordneten Leben fehlt ihr nach eigenen Angaben die Kraft. Dies vor allem seit der Diagnose, dass sie und ihr Freund Aids hätten. Dieser Befund hat sie anfangs völlig aus der Bahn geworfen - heute ist sie resigniert und klagt die Welt an, dass man ihr keine Chance gegeben habe. Ihre grösste Sorge gilt ihrem zweijährigen Kind, welches zur Zeit in einem Heim untergebracht ist, da sie zusammen mit ihrem Freund in der Notschlafstelle der Stadt übernachtet und weder feste Bleibe noch finanzielle Mittel zum Lebensunterhalt hat. Doch ihm, Georgio, diesem kleinen unschuldigen Knaben, möchte sie eine bessere Zukunft sichern, ihn zu sich nehmen, ihm eine gute Mutter sein. Wünsche, die sich an der Realität zerschlagen, sie mutlos machen.

Welche Diagnose nach DSM-III-R würden Sie Susanne geben ?

Klassieren Sie die gegebenen Informationen auf den fünf Achsen.

Diskutieren Sie Erfolgschancen einer psychologischen oder interdisziplinären Intervention. Thematisieren Sie Protektiv- bzw. Risikofaktoren, welche eine Intervention fördern bzw. erschweren könnten.

Worauf würden Sie eine Intervention v.a. ausrichten ? Wie sähen primäre, sekundäre und tertiäre Prävention aus ?

Skizzieren Sie, wie "spezifische" bzw. "unspezifische", "populations-" versus "risikogruppenorientierte" und "person-" versus "systemorientierte" Prävention bei Drogenproblemen aussehen könnte.

Fragen zu Kapitel 8: Psychomotorik: Intervention

Wissensfragen

Was versteht man unter "mentaler Uebung" ? (S. 195)

Erläutern Sie ein Verfahren, welches zur zusätzlichen sensorischen Rückmeldung bei der Rehabilitation zentralmotorisch Behinderter eingesetzt werden kann. (S. 196)

Welche Interventionsmethoden bei "Hyperaktivität" kennen Sie ? (S. 198 - 199)

Was versteht man unter "ungewöhnlichen Sprechweisen" im Rahmen der Intervention bei Stottern ? (S. 200)

Welche Interventionsmöglichkeiten zur Behandlung von Stottern werden heute eingesetzt ? (S. 200 - 201)

Verstehensfragen

Welche Rolle spielt zusätzliche Rückmeldung bei der Rehabilitation zentralmotorischer Störungen ? (S. 195)

Erklären Sie Indikation und Vorgehen der Methode der "negativen Uebung". Wie ist die Wirksamkeit dieses Verfahrens zu beurteilen ? (S. 196 - 197)

Stellen Sie die Methode des "habit reversal" dar. (S. 197)

Skizzieren Sie ein Kontingenz-Management bei Hyperaktivität. (S. 198)

Erläutern Sie Methoden zur Behandlung von Schreibkrämpfen. Resümieren Sie zentrale Ziele einer Intervention bei Schreibkrämpfen. (S. 199)

Analysefragen

Welche Schwierigkeiten sehen Sie beim Einsatz von Elektromyogrammen zur zusätzlichen Rückmeldung bei der Behandlung zentralmotorisch Behinderter ? (S. 196)

Welche Bedenken haben Sie bei einer medikamentösen Behandlung von Hyperaktivität mittels Stimulantien ? In welchen Fällen scheint Ihnen eine Mediaktion gerechtfertigt oder indiziert ? (S. 198; 350 - 351)

Fragen zu Kapitel 9: Gedächtnis: Intervention

Wissensfragen

Worin unterscheiden sich "organische Amnesien" von "funktionellen Gedächtnisstörungen" ? (S. 202)

Nennen Sie allgemeine Interventionsziele bei Gedächtnisstörungen. (S. 202 - 203)

Thematisieren Sie diagnostische Gesichtspunkte, welche bei einer Intervention bei Gedächtnisstörungen berücksichtigt werden sollten. (S. 203)

Welche Kriterien sollten externe Gedächtnishilfen erfüllen, um maximal wirksam zu sein ? (S. 204 - 205)

Führen Sie Techniken zum Einprägen/Erinnern von Informationen auf. (S. 207)

Wie wird bei der Methode der "vanishing cues" vorgegangen ? (S. 210)

Verstehensfragen

Welchen Beitrag zur Planung von Interventionen bei Gedächtnisstörungen können standardisierte psychologische Tests leisten ? (S. 203)

Beschreiben Sie Methoden, mittels derer eine Reduktion der Gedächtnisanforderungen bewirkt werden kann. (S. 204)

Erläutern Sie Methoden zur Verbesserung des Gedächtnisses. (S. 206 - 209)

Wodurch sind vermutlich Gedächtnisdefizite bei Amnesiepatienten bedingt ? Welche Implikationen ergeben sich daraus für die Intervention ? (S. 207)

Was versteht man unter der "PQRST-Technik" ? Stellen Sie zentrale Aspekte dieser Methode dar. (S. 207)

Erläutern Sie die "Loci-Methode". (S. 208)

Wie ist nach neueren Untersuchungen die Bedeutung von Uebung zur Rehabilitation bei Gedächtnisstörungen zu beurteilen ? (S. 210)

Analysefragen

Wägen Sie Nutzen und Schwierigkeiten von Strategien zur Reduktion von Anforderungen an das Gedächtnis und solchen zur Verbesserung von Gedächtniskomponenten bei der Behandlung von Amnesiepatienten gegeneinander ab. Welche Ueberlegungen sind vor einem Einsatz der einen oder anderen Methode zu machen ? (S. 203 - 209)

Diskutieren Sie Möglichkeiten und Schwierigkeiten externer Gedächtnishilfen. (S. 205 - 206)

Integrationsfragen

Welche Faktoren sind für realistische Zielsetzungen und den Erfolg von
Interventionen bei Gedächtnisstörungen neben dem Schweregrad der
Beeinträchtigung weiter zu berücksichtigen ? (S. 203; 206; 210; 211)

Resümieren Sie den gegenwärtigen Stand der psychologischen Rehabilitation von
Gedächtnisstörungen und zukünftige Interventions- und Forschungsschwerpunkte.
(S. 210 - 211)

Fragen zu Kapitel 10: Lernen: Intervention

Wissensfragen

Welche Gesichtspunkte sind bei der Entwicklung von Interventionsprogrammen bei
Aneignungsbeeinträchtigungen zu berücksichtigen ? (S. 213 - 214)

Was versteht man unter einem "kognitiven Modell " ? (S. 214)

Erläutern Sie "Wissenskompetenz" und "operative Kompetenz". (S. 216)

Was wissen Sie über die Wirksamkeit von Interventionen bei "umschriebenen" und
"allgemeinen" Lernstörungen ? (S. 216 - 218)

Verstehensfragen

Stellen Sie Interventionsziele und -vorgehen bei Aneignungsbeeinträchtigungen
theoretisch und anhand eines Beispiels dar. (S. 213)

Resümieren Sie das Vorgehen beim "Selbstinstruktionstraining". Welche fünf
Stufen werden postuliert ? (S. 214)

Fassen Sie wichtige Interventionsmethoden bei Aneignungsbeeinträchtigungen des
Lernens zusammen. Erläutern Sie die einzelnen Interventionsstrategien. (S. 215)

Was wissen Sie über die Durchführbarkeit und Wirksamkeit von Interventionen bei
Lernstörungen bei Patienten mit organischen Psychosen ? Wie sehen solche
Interventionen aus ? (S. 219)

Welche Interventionsmöglichkeiten bei Vorliegen einer "erhöhten"
"Konditionierbarkeit" kennen Sie ? (S. 219)

Was bedeutet "forcierte Löschung" ? Erklären Sie Wirkungsprinzip und
Durchführung des Verfahrens sowie seine empirische Effektivitätsabsicherung.
(S. 220)

Zeigen Sie Möglichkeiten auf, um mittels der Gestaltung der Umwelt abnorme
individuelle Lernvoraussetzungen günstig beeinflussen zu können. (S. 221)

Erörtern Sie die Hauptannahmen der "Inhibitionstheorie". (S. 222)

Wie kann "Verstärkerwirksamkeit" aufgebaut werden ? Bei welchen Störungen kommt dieses therapeutische Vorgehen v.a. zum Einsatz ? (S. 222)

Analysefragen

Thematisieren Sie Voraussetzungen, unter welchen Interventionen bei allgemeinen Lernstörungen mit einer hohen Wahrscheinlichkeit erfolgreich sind. (S. 217)

Wie beurteilen Sie die derzeitigen Interventionsprogramme bei gerontopsychischen Lernstörungen ? (S. 219)

Diskutieren Sie mögliche Vorteile und Schwierigkeiten eines Pharmakaeinsatzes zur Unterstützung psychologischer Therapien (z.B. Systematische Desensibilisierung). (S. 220 - 221)

Inwiefern kann durch die psychische Stabilisierung einer Person deren Konditionierbarkeit reguliert werden ? (S. 221)

Integrationsfragen

Erläutern Sie Annahmen zur Wirkungsweise der Systematischen Desensibilisierung. Gehen Sie speziell auf lerntheoretisch begründete Hypothesen ein. (S. 220)

Fragen zu Kapitel 11: Problemlösen: Intervention

Wissensfragen

Welche Faktoren können bestehende Problemlösekompetenzen in der Situation beeinträchtigen oder ihre Aktualisierung gar verhindern ? (S. 225)

Welches sind Hauptziele der "Krisenintervention" ? (S. 225)

Beschreiben Sie die Idee der "Methode einer vertieften Problemrepräsentation". (S. 226)

Welches sind zentrale Fragen, welche sich ein Problemlöser in einer Problemsituation stellen sollte ? (S. 226; 229)

Nennen Sie allgemeine Charakteristika von Problemlösetrainings. (S. 227)

Skizzieren Sie Ziele der Interventionsmethode von PLATT et al. (1975) zur Vermittlung interpersoneller Problemlösefertigkeiten. (S. 229)

Was wissen Sie über die Wirksamkeit von Problemlösetrainings und deren Langzeitwirkungen ? (S. 228; 230; 231)

Verstehensfragen

Stellen Sie das problemlösebezogene Vorgehen im Rahmen von Krisen-interventionen dar. (S. 225 - 226)

Welche Aspekte beinhaltet "Problemdistanzierung" ? Erläutern Sie die Methode. (S. 226)

Beschreiben Sie Interventionsmethoden mit handlungsregulierender Ausrichtung und ihre Zielsetzungen. (S. 226 - 227)

Welches Vorgehen zur Problemlösung wird im Problemlösetraining von D'ZURILLA & GOLDFRIED (1971) vorgeschlagen ? Skizzieren Sie die einzelnen Sequenzen dieses Problemlösemodells. (S. 227 - 228)

Erläutern Sie Möglichkeiten der Vermittlung von Problemlösefertigkeiten durch Mediatoren. Gehen Sie in Ihrer Diskussion auf die "Problemlösegespräche" von SHURE & SPIVACK (1981) ein. (S. 231)

Analysefragen

Inwiefern spielt eine Verbesserung der Problemlösefähigkeiten für Therapie und Prävention eine wichtige Rolle ? (S. 224)

Diskutieren Sie kognitive Therapien (z.B. Depressionstherapie von BECK, ELLIS, MEICHENBAUM) unter der Perspektive von Wissensdifferenzierung und Problemlösung. (S. 224 - 225)

Wodurch könnte eine breitere Generalisierung der in der Therapie erlernten Problemlösefähigkeiten bewirkt werden ? (S. 231; 352)

Integrationsfragen

Diskutieren Sie die Beziehung zwischen Problemlösefähigkeiten und anderen Kompetenzen (Kommunikationsfertigkeiten, soziale Kompetenzen, Stress-bewältigungskompetenzen, etc.). (S. 231)

Fragen zu Kapitel 12: Emotion: Intervention

Wissensfragen

Definieren Sie emotionale Störungen und die sich aus einer solchen Definition ableitenden Interventionsziele. (S. 233)

Welche externen und internen Faktoren spielen für die Emotionsentstehung eine wesentliche Rolle ? (S. 233)

Nennen Sie die von BECK beschriebenen logischen Denkfehler. (S. 235)

Erläutern Sie die Ziele von Trainingsprogrammen zur Umattribuierung. (S. 237)

Was versteht BANDURA unter "self-efficacy-expectation" ? (S. 238)

Welche Methoden zur Beeinflussung somatischer Dispositionen (z.B. leichte emotionale Erregbarkeit) können im Rahmen von Interventionen bei emotionalen Störungen eingesetzt werden ? (S. 239)

Was wissen Sie über die Langzeitwirkungen von Massnahmen, welche auf die Beeinflussung unspezifischer somatischer Erregungsprozesse abzielen ? (S. 239)

Verstehensfragen

Stellen Sie Methoden zur Beeinflussung emotionaler Reaktionen dar. (S. 234 - 239)

Thematisieren Sie die Bedeutung von Denkfehlern bei der Emotionsentstehung. Skizzieren Sie die Annahmen von BECK zur Genese depressiver Störungen. (S. 235; 283 - 284)

Welche Rolle spielen Erwartungen bei der Entstehung von Emotionen ? Diskutieren Sie kognitive Emotionsmodelle. (S. 238)

Analysefragen

Inwiefern drängt sich bei einer Modifikation emotionaler Reaktionen ein Umweg über die Modifikation von Dispositionen auf ? (S. 233)

Erklären Sie die Wirkungsweise von Umattribuierungsmethoden. Greifen Sie dabei auf das Aetiologiemodell für depressive Störungen von ABRAMSON, SELIGMAN & TEASDALE (1978) zurück. (S. 237; 284; Band I: 303)

Fragen zu Kapitel 13: Motivation: Intervention

Wissensfragen

Welche Faktoren determinieren die Motivation zu einer Handlung ? (S. 241)

Fassen Sie relevante Antezedensbedingungen für die Motivationsbildung zusammen. (S. 241)

Bei welchen Motivationsstörungen ist "Stimuluskontrolle" vor allem indiziert ? (S. 243)

Was wissen Sie über die Effekte von Hormonbehandlungen bezüglich Motivation (z.B. zur Steigerung sexueller Motivation) ? (S. 246)

Welche Klientenvariable korreliert nach GARFIELD (1986) besonders hoch mit Therapieabbruch ? (S. 247)

Verstehensfragen

Diskutieren Sie "kontra-konstitutionelle" versus "ko-konstitutionelle" Interventionsmassnahmen im Hinblick auf die Beeinflussung von Persönlichkeitseigenschaften. (S. 242)

Beschreiben Sie Methoden der Stimuluskontrolle. (S. 244)

Stellen Sie die Bedeutung von Verstärkungskontingenzen für den Aufbau von Handlungsmotivation dar. (S. 245)

Skizzieren Sie das "Selbstinstruktionstraining" von MEICHENBAUM & GOODMAN (1971) bei impulsiven Kindern. (S. 246)

Wie können negative Konsequenzen bei einer Behandlung von Motivationsstörungen therapeutisch eingesetzt werden ? Thematisieren Sie Verfahren wie "verdeckte Sensibilisierung", "Aversionstherapien", "Schnellrauchertechnik", etc. (S. 246)

Analysefragen

Erläutern Sie Motivationsdefizite im Lichte ungünstiger Kausalattributionsstile, negativer Erwartungen bzw. irrationaler Ueberzeugungen. (S. 242 - 243)

Diskutieren Sie das Phänomen des Therapieabbruchs motivationsanalytisch. Welche Umstände und Faktoren können einen Klienten motivieren, eine Therapie abzubrechen ? Wie kann ein Therapeut dieser Gefahr entgegenwirken ? (S. 247 - 248)

Integrationsfragen

Diskutieren Sie das Verhältnis von Emotion und Motivation und ihre Bedeutung im Kontext psychischer Störungen. (S. 241)

Fragen zu Kapitel 14: Schlaf: Intervention

Wissensfragen

Wie geht die breite Bevölkerung mit Schlafproblemen um ? (S. 250)

Wie steht es um die objektive bzw. subjektive Wirksamkeit von Entspannungsmethoden bei Schlafstörungen ? (S. 251)

Thematisieren Sie Ziele der Stimulus- und Bettzeitkontrolle. (S. 252)

Welches Bild zeigen Wirksamkeitsstudien über die Möglichkeiten effizienter psychologischer Interventionen bei Schlafstörungen ? (S. 255 - 256)

Verstehensfragen

Stellen Sie Interventionsmöglichkeiten bei Schlafstörungen dar. (S. 250 - 256)

Welche Nachteile haben medikamentöse Behandlungen bei Schlafproblemen ?
(S. 250)

Von welchen Annahmen bezüglich Schlafstörungen gehen Verfahren aus, welche mittels Entspannungstrainings eine Besserung anstreben ? (S. 251)

Wie kann der Effekt von "Stimulus-Kontrollprogrammen" bzw. der Methode der "Bettzeitkontrolle" erklärt werden ? (S. 252)

Wie sieht eine "Paradoxe Intention" bei Schlafstörungen aus ? Was wissen Sie über Wirkungsweise und empirischen Effektivitätsnachweis dieser Methode ?
(S. 252 - 253)

Skizzieren Sie das Breitbandprogramm zur Therapie von Schlafstörungen nach HOHENBERGER & SCHINDLER (1984). (S. 254)

Analysefragen

Diskutieren Sie den Zusammenhang zwischen intrapsychischen Konflikten und Schlafstörungen sowie das sich daraus ableitende therapeutische Vorgehen.
(S. 253 - 254)

Was halten Sie von Informationen über Schlaf und Schlafhygieneregeln ? Welche Bedeutung messen Sie ihnen für Prophylaxe oder Selbsthilfe bei Schlafstörungen bei ? (S. 255)

Erläutern Sie die Rolle einer gründlichen individuellen Diagnostik bei Schlafstörungen. (S. 255)

Wissensfragen

Was versteht man unter "mentaler Uebung" ? (S. 195)

Welche Interventionsmethoden sind bei Hyperaktivität indiziert ? (S. 198 - 199)

Welche Interventionsmöglichkeiten zur Behandlung von Stottern werden heute favorisiert ? (S. 200 - 201)

Worin unterscheiden sich "organische Amnesien" von "funktionellen Gedächtnisstörungen" ? (S. 202)

Unter welchen Voraussetzungen sind Gedächtnishilfen wirksam ? (S. 204 - 205)

Welche Gesichtspunkte sind bei der Entwicklung von Interventionsprogrammen bei Aneignungsbeeinträchtigungen zu berücksichtigen ? (S. 213 - 214)

Was wissen Sie über die Wirksamkeit von Interventionen bei "umschriebenen" bzw. "allgemeinen" Lernstörungen ? (S. 216 - 218)

Welche Faktoren können bestehende Problemlösekompetenzen in der Situation beeinträchtigen oder ihre Aktualisierung gar verhindern ? (S. 225)

Nennen Sie allgemeine Charakteristika von Problemlösetrainings. (S. 227)

Was wissen Sie über die Wirksamkeit von Problemlösetrainings und deren Langzeitwirkungen ? (S. 228; 230; 231)

Definieren Sie emotionale Störungen und die sich aus einer solchen Definition ableitenden Interventionsziele. (S. 233)

Welche Faktoren kontrollieren das Auftreten von Emotionen bei Vorliegen entsprechender Dispositionen ? Welche Dispositionen spielen eine Rolle ? (S. 233)

Was versteht BANDURA unter "self-efficacy-expectation" ? (S. 238)

Welche Methoden zur Beeinflussung somatischer Dispositionen (z.B. leichte emotionale Erregbarkeit) können im Rahmen von Interventionen bei emotionalen Störungen eingesetzt werden ? (S. 239)

Was wissen Sie über die Langzeitwirkungen von Massnahmen, welche auf die Beeinflussung unspezifischer somatischer Erregungsprozesse abzielen ? (S. 239)

Wie kommen Handlungen zustande ? Fassen Sie relevante Antezedensbedingungen für die Motivationsbildung zusammen. (S. 241)

Lässt sich sexuelle Motivation hormonell beeinflussen ? (S. 246)

Nennen Sie Prädiktoren für Therapieabbruch. (S. 247)

Sind Entspannungsmethoden bei Schlafstörungen therapeutisch wirksam ?
Referieren Sie empirische Befunde zu dieser und anderen psychologischen
Interventionsmethoden. (S. 251; 255 - 256)

Verstehensfragen

Erläutern Sie die Methode des "habit reversal". (S. 197)

Stellen Sie eine verhaltenstherapeutische Intervention bei Hyperaktivität dar.
(S. 198)

Nennen Sie allgemeine Interventionsziele bei Gedächtnisstörungen. (S. 202 - 203)

Welche theoretischen Modelle aus der Gedächtnispsychologie bilden die Grundlage
für Informationsverarbeitungstrainings ? (S. 206; 208)

Skizzieren Sie Interventionsziele und Vorgehen bei Aneignungsbeeinträchtigungen.
(S. 213)

Stellen Sie das "Selbstinstruktionstraining" dar. Welche fünf Stufen werden
postuliert ? In welcher Beziehung steht das Selbstinstruktionstraining zum
Modellernen ? (S. 214)

Welche Interventionsmöglichkeiten bei Vorliegen einer erhöhten
Konditionierbarkeit kennen Sie ? (S. 219)

Was bedeutet "forcierte Löschung" ? Erklären Sie Wirkungsprinzip und
Durchführung des Verfahrens sowie seine empirische Effektivitätsabsicherung.
(S. 220)

Nennen Sie Methoden zum Aufbau von Verstärkerwirksamkeit. Bei welchen
Störungen kommt dieses therapeutische Vorgehen v.a. zum Einsatz ? Zeigen Sie an
einem Beispiel auf, wie konkret vorgegangen wird. Welche Hilfsmittel können
einbezogen werden ? (S. 222)

Beschreiben Sie Interventionsmethoden mit handlungsregulierender Ausrichtung
und ihre Zielsetzungen. (S. 226 - 227)

Resümieren Sie wichtige Punkte des Problemlösetrainings von D'ZURILLA &
GOLDFRIED (1971). Skizzieren Sie die einzelnen Sequenzen des
Problemlösemodells. (S. 227 - 228)

Wodurch könnte eine breitere Generalisierung der in der Therapie erlernten
Problemlösefähigkeiten bewirkt werden ? (S. 231; 352)

Wie können emotionale Reaktionen therapeutisch beeinflusst
werden ? Stellen Sie Interventionsmöglichkeiten dar. (S. 234 - 239)

Welche Bedeutung kommt Denkfehlern bei der Entstehung von Emotionen zu ? Skizzieren Sie die Annahmen BECKs zur Genese depressiver Störungen. (S. 235; 283 - 284)

Welche Rolle spielen Erwartungen bei der Entstehung von Emotionen ? Erörtern Sie kognitive Emotionsmodelle. (S. 238)

Diskutieren Sie "kontra-konstitutionelle" bzw. "ko-konstitutionelle" Interventionsmassnahmen im Hinblick auf die Beeinflussung von Persönlichkeitseigenschaften. (S. 242)

Beschreiben Sie die Methode der Stimuluskontrolle. (S. 244)

Wie sehen Sie die Bedeutung von Verstärkungskontingenzen für den Aufbau von Handlungsmotivation ? (S. 245)

Stellen Sie das Selbstinstruktionstraining von MEICHENBAUM & GOODMAN (1971) bei impulsiven Kindern dar. (S. 246)

Wie können negative Konsequenzen bei einer Behandlung von Motivationsstörungen therapeutisch eingesetzt werden ? Thematisieren Sie Verfahren wie "verdeckte Sensibilisierung", "Aversionstherapien", "Schnellrauchertechnik", etc. Thematisieren Sie Vor- und Nachteile dieser Methoden. (S. 246)

Stellen Sie Interventionsmöglichkeiten bei Schlafstörungen dar. Welche Nachteile haben medikamentöse Behandlungen bei Schlafproblemen ? Geben Sie psychologische Erklärungen dafür. (S. 250 - 256)

Von welchen Annahmen bezüglich Schlafstörungen gehen Verfahren aus, welche mittels Entspannungstrainings eine Besserung anstreben ? (S. 251)

Wie kann der Effekt von "Stimulus-Kontrollprogrammen" bzw. der Methode der "Bettzeitkontrolle" erklärt werden ? Welche weiteren Interventionsmethoden bei Schlafstörungen kennen Sie ? Was wissen Sie über deren Wirkungsweise bzw. Effektivität ? (S. 252 - 254)

Analysefragen

Welche Bedenken haben Sie bei einer medikamentösen Behandlung von Hyperaktivität mittels Stimulantien ? In welchen Fällen scheint Ihnen eine Mediaktion gerechtfertigt oder indiziert ? Thematisieren Sie Gründe und Ueberlegungen, welche eher zur Vorsicht bei psychopharmakologischen Behandlungen bei Kindern mahnen. (S. 198; 350 - 351)

Wägen Sie Nutzen und Schwierigkeiten von Strategien zur Reduktion von Anforderungen an das Gedächtnis und solchen zur Verbesserung von Gedächtniskomponenten bei der Behandlung von Amnesiepatienten gegeneinander ab. Welche Ueberlegungen sind vor einem Einsatz der einen oder anderen Methode zu machen ? (S. 203 - 209)

Diskutieren Sie Möglichkeiten und Schwierigkeiten externer Gedächtnishilfen. Diskutieren Sie ihren Einsatz bei Alzheimer Patienten. (S. 205 - 206)

Welche Faktoren sind für realistische Zielsetzungen und den Erfolg von Interventionen bei Gedächtnisstörungen neben dem Schweregrad der Beeinträchtigung weiter zu berücksichtigen ? (S. 203; 206; 210; 211)

Diskutieren Sie mögliche Vorteile und Schwierigkeiten eines Psychopharmakaeinsatzes zur Unterstützung psychologischer Therapien (z.B. Systematische Desensibilisierung). (S. 220 - 221)

Inwiefern spielt eine Verbesserung der Problemlösefähigkeiten für Therapie und Prävention eine wichtige Rolle ? (S. 224)

Diskutieren Sie kognitive Therapien (z.B. Depressionstherapie von BECK, ELLIS, MEICHENBAUM) unter der Perspektive von Wissensdifferenzierung und Problemlösung. (S. 224 - 225)

Erklären Sie die Wirkungsweise von Umattribuierungsmethoden. Greifen Sie dabei auf das Aetiologiemodell für depressive Störungen von ABRAMSON, SELIGMAN & TEASDALE (1978) zurück. (S. 237; 284; Band I: 303)

Erläutern Sie Motivationsdefizite im Lichte ungünstiger Kausalattributionsstile, negativer Erwartungen bzw. irrationaler Ueberzeugungen. (S. 242 - 243)

Diskutieren Sie das Phänomen des Therapieabbruchs motivationsanalytisch. Welche Umstände und Faktoren können einen Klienten motivieren, eine Therapie abzubrechen ? Wie kann ein Therapeut dieser Gefahr entgegenwirken ? (S. 247 - 248)

Diskutieren Sie den Zusammenhang zwischen intrapsychischen Konflikten und Schlafstörungen sowie das sich daraus ableitende therapeutische Vorgehen. (S. 253 - 254)

Welche therapeutische Bedeutung haben Informationen über Schlaf und Schlafhygieneregeln ? Welche Bedeutung messen Sie ihnen für Prophylaxe oder Selbsthilfe bei Schlafstörungen bei ? Diskutieren Sie diese Frage anhand des Modells von MACCOBY & SOLOMON. (S. 255; 88)

Erläutern Sie die Rolle einer gründlichen individuellen Diagnostik bei Schlafstörungen. (S. 255)

Integrationsfragen

Welche Faktoren sind für realistische Zielsetzungen und den Erfolg von Interventionen bei Gedächtnisstörungen neben dem Schweregrad der Beeinträchtigung weiter zu berücksichtigen ? (S. 203; 206; 210; 211)

Erläutern Sie Annahmen zur Wirkungsweise der Systematischen Desensibilisierung. Gehen Sie speziell auf lerntheoretische Erklärungsansätze ein. (S. 220)

Diskutieren Sie das Verhältnis von Emotion und Motivation und ihre Bedeutung im Kontext psychischer Störungen. (S. 241)

Anwendungsbeispiel

Tobias ist zwölf Jahre alt geworden. Er gilt als intelligentes, sensibles und schüchternes Kind. In seiner Freizeit pflegt er sich ganz seinen Büchern und Geschichten zu widmen, verschanzt sich manchmal für Stunden in seinem Zimmer und liest, träumt, spinnt sich seine eigene Phantasiewelt. Sein besonderes Interesse gilt der Astronomie. In der Schule hatte er anfänglich gute Noten gehabt, war dann aber seit letztem Herbst in der Leistung abgefallen. Diese Verschlechterung fiel damit zusammen, dass in der Schule der frühere Lehrer durch eine neue Lehrerin ersetzt worden war, die Tobias nicht mochte. Sie stellte ihn häufig bloss, ignorierte seine Wortmeldungen und benachteiligte ihn gegenüber anderen Kameraden. Der Junge zog sich darauf noch mehr in seine Bücherwelt zurück. Nachts schlief er schlecht, wälzte sich oft stundenlang im Bett oder schreckte von Albträumen auf. Oftmals nässte er dabei ins Bett ein, worauf er sich heftig schämte. Die Mutter, welche seit ihrer Scheidung vor fünf Jahren, wieder erwerbstätig ist, ist nachts oft zu müde, um zu erwachen und reagiert morgens gereizt auf die zusätzliche Belastung, welche aus der Bettenreinigung resultiert. Tobias hat keine Geschwister. Sozial ist er schlecht integriert, gilt als verschrobener Kauz und wird häufig wegen seines Wissens bezüglich Sternen etc. von seinen Kameraden als "Professor" mitleidig belächelt. Wird ein Schuldiger wegen irgendeiner Geschichte gesucht, fällt häufig die Wahl auf ihn - er kann sich ja nicht wehren und Scheidungskinder......na, man weiss ja.

Ordnen Sie die Störung von Tobias auf den Achsen des DSM-III-R ein.

Skizzieren Sie Elemente einer Verhaltensanalyse des Fallbeispiels.

Welche diagnostischen Mittel würden Sie zur Abklärung einsetzen ?

Ueberlegen Sie sich mögliche Erklärungsmodelle für die Entstehung der Verhaltensauffälligkeiten von Tobias. Diskutieren Sie Performanzbedingungen.

Inwiefern könnte der "Labeling-Ansatz" in diesem Beispiel relevant sein ?

Stellen Sie dar, wie Sie sich klinisch-psychologische Interventionen vorstellen könnten. Welches wären ihre Therapieziele ? Thematisieren Sie makroergebnisbezogene, mikroergebnisbezogene und therapieprozessbezogene Ziele.

Wo würden sie therapeutisch ansetzen, welche Verhaltensweisen oder Bedingungen wären therapeutische Ansatzpunkte ?

Diskutieren Sie Vorteile eines individuenzentrierten (auf Tobias ausgerichteten), eines Vorgehens, welches die soziale Umwelt einbezieht bzw. einer Intervention mittels Mediatoren (Lehrerin, Mutter).

Reinterpretieren Sie den Fall anhand des HEMPEL-OPPENHEIM-Schemas im Sinne von "Wie-es-möglich-war-dass-Erklärungen".

Fragen zu Kapitel 15: Neurosen: Intervention

Wissensfragen

Was wissen Sie darüber, wie Neurosen im Idealfall behandelt werden sollten ?
(S. 260)

Welche Phasen innerhalb der Informationssammlung zu Beginn einer Therapie
können unterschieden werden ? (S. 264)

Erläutern Sie zentrale Aspekte, welche bei einer Indikationsstellung berücksichtigt
werden sollten. (S. 264)

Was versteht man unter einer "Motivationsanalyse"; welche Abklärungen sollte sie
beinhalten ? (S. 264 - 265)

Erklären Sie die Begriffe "Bedingungen" und "Funktionen" von Störungen. (S. 266)

Was versteht man unter der "Appell- oder Signalfunktion" gestörten Verhaltens ?
(S. 266)

Welche Problemebenen psychischer Störungen können differenziert werden ?
Erläutern Sie diese. (S. 266)

Was bedeutet "Parataxie" ? (S. 267)

Erklären Sie den Begriff "Kollusion". (S. 267)

Was versteht man unter "Makro-" und "Mikroanalyse" im therapeutischen Kontext ?
(S. 269 - 270)

Was wissen Sie über den Effektivitätsnachweis der verschiedenen Interventionsmethoden bei Angststörungen ? (S. 272 - 274)

Wie gross sind die durchschnittlichen Erfolgsangaben in einschlägigen
Publikationen bezüglich Interventionen bei Angststörungen bzw. Zwangs-
störungen ? (S. 274)

Wie steht es um die empirische Fundierung systemischer Interventionen ? (S. 275)

Verstehensfragen

Wie lassen sich neurotische Störungen hinsichtlich Annäherungs- und
Vermeidungsverhalten beschreiben ? (S. 261 - 262)

Skizzieren Sie das "Fünf-Phasen-Modell" des therapeutischen Prozesses von
HAND. (S. 263)

Stellen Sie Interventionsmöglichkeiten bei "Verhaltensdefiziten" und
"Verhaltensstörungen" dar. (S. 267)

Welche therapeutischen Vorgehensweisen bei "Wahrnehmungsblockaden" kennen Sie ? Schildern Sie Ziele und Vorgehen dieser Methoden. (S. 267)

Resümieren Sie Möglichkeiten der Intervention bei "Handlungsblockaden". (S. 268)

Thematisieren Sie konfliktbezogene analytische bzw. verhaltenstherapeutische Interventionen. (S. 271 - 272)

Welche Therapieform ist bei "Verhaltensstörungen" bzw. "Verhaltensdefiziten" indiziert ? (S. 272)

Erläutern Sie verhaltenstherapeutische Interventionsformen bei Angststörungen. (S. 272)

Was versteht man unter dem "Generations-Hierarchie"-Modell ? (S. 275)

Analysefragen

Diskutieren Sie die Bedeutung des Erstkontakts für den weiteren Therapieverlauf. (S. 264)

Welche Probleme stellen sich häufig im Rahmen von Interventionen bei Verhaltensexzessen ? Wie kann therapeutisch mit diesen Schwierigkeiten umgegangen werden ? (S. 267)

Integrationsfragen

Was lässt sich über die empirische Fundierung psychologischer Interventionen bei Neurosen aussagen ? Wo liegen Schwierigkeiten einer Interventionsevaluation ? (S. 275 - 278)

Fragen zu Kapitel 16: Depressive Störungen: Intervention

Wissensfragen

Welche psychologischen Behandlungsansätze depressiver Störungen kennen Sie ? (S. 281)

Was versteht BECK unter der "kognitiven Triade" ? (S. 283)

Was bedeutet "Unkontrollierbarkeit" ? (S. 284)

Verstehensfragen

Beschreiben Sie die generelle Tendenz neuerer Interventionsstrategien bei Depressionen. (S. 280)

Stellen Sie die theoretischen Annahmen von LEWINSOHN bezüglich Aetiologie und Performanz von Depressionen dar. (S. 282)

Wo liegen die Hauptakzente einer verhaltenstherapeutischen Intervention sensu LEWINSOHN ? (S. 282)

Skizzieren Sie das therapeutische Vorgehen nach WOLPE. (S. 283)

Erläutern Sie das Depressionsverständnis von BECK. (S. 283)

Wo setzt die kognitive Therapie von BECK an ? Zählen Sie einige Interventionsstrategien auf. (S. 284)

Welche Rolle spielen Attributionen für die Entstehung und Aufrechterhaltung von Depressionen ? (S. 284)

Erläutern Sie Interventionsmethoden, welche sich am revidierten "Konzept der erlernten Hilflosigkeit" orientieren. (S. 284 - 285)

Stellen Sie die theoretischen Annahmen des Ansatzes von REHM dar. (S. 285)

Wo liegen Schwerpunkte des Depressionsverständnisses nach McLEAN ? Welche therapeutischen Interventionen leiten sich davon ab ? (S. 285)

Fassen Sie zentrale Merkmale interpersonell orientierter Depressionstherapien sensu KLERMAN & WEISSMAN zusammen. (S. 286)

Analysefragen

Zeigen Sie auf, in welchen Annahmen zur Entstehung von Depressionen sich WOLPE und LEWINSOHN unterscheiden. (S. 283)

Diskutieren Sie den gegenwärtigen Forschungsstand hinsichtlich der Wirksamkeit der verschiedenen Therapieansätze bei Depressionen. (S. 287 - 289)

Fragen zu Kapitel 17: Psychosomatische Störungen: Intervention

Wissensfragen

Was versteht man unter "Pathogenese", was unter "Aetiologie" ? (S. 291)

Unterscheiden Sie "symptomatische" bzw. "kausale" Therapie. (S. 291)

Was versteht man unter "essentieller Hypertonie"? (S. 292)

Wie ist der gegenwärtige Wissenstand über die Wirkmechanismen psychologischer Behandlungen bei "Hypertonie" ? (S. 294)

Was bedeutet "Compliance" ? (S. 295)

Was versteht man unter "koronarer Herzkrankheit"? (S. 295)

Welche Faktoren begünstigen die Ausbildung von "Koronarsklerose" ? (S. 295)

Beschreiben Sie typische Merkmale des "Typ A-Verhaltens". (S. 295)

Wie steht es um empirische Belege für einen Einfluss von "Typ A-Verhalten" auf die "koronare Herzkrankheit" ? (S. 295)

Welche Formen von Herzrhythmusstörungen können unterschieden werden ? (S. 297)

Was versteht man unter "Asthma bronchiale" ? (S. 297)

Welche Arten von Kopfschmerz kennen Sie ? (S. 299)

Wie beurteilen Sie die empirische Wirksamkeit psychologischer Interventionen bei Migräne ? (S. 301)

Was versteht man unter einem "peptischen Geschwür" ? Nennen Sie weitere Formen von Störungen des Verdauungstraktes. (S. 302 - 303)

Wie hoch liegt die Prävalenz von "Bulimie" und "Anorexie" in Risikopopulationen (junge Frauen) ? (S. 303)

Verstehensfragen

Referieren Sie Modelle der Asthmagenese. (S. 297)

Welche psychologischen Methoden scheinen Ihnen zur Behandlung von Bluthochdruckproblemen indiziert ? (S. 294)

Resümieren Sie Annahmen zur Pathogenese der Migräne. (S. 299)

Welche Interventionsstrategien bei Kopfschmerz kennen Sie ? Stellen Sie die einzelnen Verfahren dar. (S. 299 - 302)

Erläutern Sie die Störungsbilder der "Anorexia nervosa" bzw. der "Bulimia". (S. 303)

Analysefragen

Wie schätzen Sie den Stellenwert symptomatischer Therapien ein ? (S. 291)

Beurteilen Sie die Bedeutung psychologischer Therapien bei "Hypertonie". (S. 292 - 293)

Welche Probleme sehen Sie bezüglich präventiver Massnahmen bei "Typ A-Verhalten" ? (S. 295 - 296)

Thematisieren Sie Schwierigkeiten bei der Psychotherapie von Essstörungen. (S. 304 - 305)

Resümieren Sie empirische Belege für die Wirksamkeit psychotherapeutischer Interventionen bei Essstörungen. (S. 305 - 306)

Integrationsfragen

Wie beurteilen Sie die Bedeutung und Wirksamkeit psychologischer Interventionen bei psychosomatischen Störungen generell ? (S. 292 - 307)

Fragen zu Kapitel 18: Schiozophrene Störungen: Intervention

Wissensfragen

Thematisieren Sie Kennzeichen der "produktiven" versus "negativen" Symptomatik schizophrener Störungen. (S. 310)

Welche Befunde erbrachten Langzeituntersuchungen des Verlaufs schizophrener Psychosen ? (S. 314)

Welche typischen Nebenwirkungen können unter neuroleptischer Medikation auftreten ? (S. 315)

Wie hoch ist die Wahrscheinlichkeit eines psychotischen Rückfalls mit und ohne Medikation ? (S. 314)

Verstehensfragen

Beschreiben Sie einen Versuchsplan zur Prüfung der antipsychotischen Effekte neuroleptischer Medikation. (S. 311)

Welche Befunde erbrachten Ueberprüfungen psychoanalytischer Einzeltherapien bei schizophrenen Störungen und welche Probleme wurden bei diesen Studien deutlich ? (S. 313)

Referieren Sie Forschungsergebnisse, welche für den Einfluss der Lebensbedingungen auf die Entwicklung schizophrener Negativ-Symptomatik sprechen. (S. 315; 316)

Beschreiben Sie Vorgehensweise und Befunde der "Expressed emotions"-Untersuchungen und der davon abgeleiteten therapeutischen Massnahmen. (S. 317)

Analysefragen

Untersuchungen über die Effekte intensiver Therapiemassnahmen auf Abteilungen für chronisch schizophrene Patienten lassen Chancen und Risiken erkennen. Diskutieren Sie diese. (S. 316)

Erörtern Sie Probleme und Möglichkeiten von "Token economies" (oder "Training sozialer Fertigkeiten") bei der stationären Behandlung chronisch schizophrener Patienten. (S. 316)

Integrationsfragen

Resümieren Sie positive und negative Aspekte einer neuroleptischen Behandlung schizophrener Störungen. Diskutieren Sie Indikation und Möglichkeiten kombinierter Therapieangebote (Psychotherapie kombiniert mit neuroleptischer Medikation). (S. 311 - 312)

Beschreiben Sie eine idealtypische Behandlung von Schizophrenen. Erläutern Sie dabei Aspekte, worauf besonders geachtet werden sollte. (S. 314 - 320)

Fassen Sie Ergebnisse der Therapieforschung bei Schizophrenen zusammen. (S. 311 - 319)

Fragen zu Kapitel 19: Störungen durch psychotrope Substanzen: Intervention

---

Wissensfragen

Worum handelt es sich bei "Methadon" ? (S. 325)

Welche Vorteile hat "Methadon" gegenüber "Heroin" ? (S. 325 - 326)

Welches sind häufige Funktions- und Entwicklungsstörungen bei Abhängigen ? (S. 328)

Welche Interventionsmassnahmen bei "Störungen durch psychotrope Substanzen" kennen Sie ? (S. 328)

Wieviel Prozent behandelter Abhängiger werden durchschnittlich rückfällig ? (S. 332)

Verstehensfragen

Welche Interventionsebenen sollten im Rahmen von Interventionsmassnahmen bei Abhängigen berücksichtigt werden ? (S. 322)

Welche Phasen der Veränderungsbereitschaft bei Abhängigen unterscheiden PROCHASKA & DiCLEMENTE (1986) ? Diskutieren Sie diese Phasen hinsichtlich möglicher Interventionsstrategien. (S. 324)

Welche Komponenten und Massnahmen sollte eine Behandlung von Abhängigen umfassen ? (S. 325)

Nennen Sie Hauptzielbereiche und Massnahmen von ambulanten bzw. stationären Behandlungen von Alkohol- bzw. Drogenabhängigen. (S. 331; 333)

Skizzieren Sie die Annahmen bezüglich Rückfall von MARLATT & GORDON (1985) und ihre postulierten Interventionsstrategien zur Rückfallsprävention. (S. 333 - 334)

Analysefragen

Diskutieren Sie die Rolle der Motivation für eine erfolgreiche Intervention bei Süchtigen. (S. 323)

Wie sind "Methadon-Erhaltungstherapien" zu bewerten ? Erörtern Sie Vor- und Nachteile. (S. 327)

Thematisieren Sie die Bedeutung von Selbsthilfegruppen bei Suchtproblemen. Welche Aspekte lassen Selbsthilfegruppen als besonders günstige Interventionsvarianten erscheinen ? (S. 327)

Wie beurteilen Sie insgesamt die Wirksamkeit der Behandlung von Alkohol- bzw. Drogenabhängigen ? (S. 332)

Fragen zu Kapitel 20: Verhaltens- und Entwicklungsstörungen bei Kindern und Jugendlichen: Intervention

Wissensfragen

Wodurch charakterisieren sich aggressive Kinder ? (S. 336)

Welche Ziele sollten bei einer Behandlung aggressiver Kinder berücksichtigt werden ? (S. 336)

Nennen Sie Methoden der Verhaltensmodifikation bei aggressiven Kindern. (S. 337)

Was wissen Sie über den Entwicklungsverlauf von "Aufmerksamkeits-" und "Hyperaktivitätsstörungen" mit zunehmendem Alter ? (S. 338 - 339)

Was lässt sich über die Wirksamkeit von Interventionen bei hyperaktiven Kindern aussagen ? (S. 340)

Welche Ursachen kann soziale Unsicherheit bei Kindern haben ? (S. 340 - 341)

Wo liegt ein Hauptproblem bei der Förderung autistischer Kinder ? Welche Konsequenzen leiten sich daraus ab ? (S. 343)

Welche Symptome kann das Neuroleptikum Haloperidol bei autistischen Störungen beeinflussen ? (S. 351)

Nennen Sie Bedingungen, welche eine Generalisierung neu erlernter Verhaltensweisen begünstigen. (S. 352)

Verstehensfragen

Wie lassen sich neuere psychologische Behandlungskonzepte und Fördermassnahmen bei Kindern und Jugendlichen mit Entwicklungs- und Verhaltensstörungen schwerpunktmässig charakterisieren ? (S. 335)

Welches sind die Kerngedanken des "Aerger-Kontroll-Trainings" von FEINDLER & ECTON (1986) ? (S. 336)

Welche Sequenzen entscheiden nach GOLDSTEIN & KELLER (1987) über das Zustandekommen aggressiven Verhaltens ? (S. 337)

Schildern Sie zentrale Aspekte eines Problemlöse-Trainings bei aggressiven Kindern. (S. 338)

Skizzieren Sie Annahmen bezüglich defizitärer kognitiver Strategien bei hyperaktiven Kindern und Interventionsmöglichkeiten. (S. 339 - 340)

Auf welchen Annahmen basieren soziale Fertigkeitstrainings ? Welche Interventionsziele leiten sich von diesen Modellen ab ? (S. 341)

Stellen Sie das Prinzip der "Coaching-Strategie" und das Vorgehen nach ODOM & DeKLYEN (1989) dar. (S. 341 - 342)

Was versteht man unter dem "Mediatorenansatz" ? (S. 345)

Skizzieren Sie das "Parent-Management-Training" der Arbeitsgruppe um PATTERSON. Resümieren Sie Ziele, Vorgehensweise und Methoden des Ansatzes. (S. 347 - 348)

Wie wird aggressives Kindsverhalten im Modell von PATTERSON et al. (1990) erklärt ? (S. 347)

Stellen Sie die Hauptannahmen der "funktionalen Familientherapie" der Arbeitsgruppe um ALEXANDER bezüglich Verhaltenstörungen dar. Welche Ziele leiten sich aus ihrem Störungsverständnis ab ? (S. 348 - 349)

Von welchen Annahmen gehen neurologische Hypothesen bei "Hyperaktivität" und "Autismus" aus ? (S. 349)

Analysefragen

Inwiefern dürften rein kindzentrierte Trainingsstrategien problematisch sein ? Stellen Sie theoretische Ueberlegungen zu dieser Frage an. (S. 338)

Welche spezifischen Adaptationen erfordern therapeutische Interventionen bei autistischen Störungen ? (S. 343 - 344)

Was lässt sich bezüglich Therapieerfolgen bei autistischen Kindern aussagen ? Welche Faktoren scheinen wichtig für eine bessere Erfolgsprognose ? (S. 343 - 345)

Welche Gründe sprechen für die Wichtigkeit familienbezogener Interventionen ?
(S. 347)

Thematisieren Sie mögliche Indikationen und Probleme einer Psychopharmako-
therapie bei Kindern. Was wissen Sie über ihre Effekte bei hyperaktiven bzw.
autistischen Kindern ? (S. 350 - 351)

Integrationsfragen

Diskutieren Sie Vorteile eines Mediatoreneinsatzes gegenüber einer kindzentrierten
Intervention. (S. 345)

Fragen zu Kapitel 21: Alterstörungen: Intervention

Wissensfragen

Thematisieren Sie wichtige Inhalte und Themen einer Psychotherapie im Alter.
(S. 356 - 362)

Nennen Sie Beispiele für schädigende und protektive Faktoren für das psychische
Wohlbefinden im Alter. (S. 359 - 360; 363)

Fassen Sie wichtige Aspekte der Aufgaben der Interventionsgerontologie
zusammen. (S. 355)

Verstehensfragen

Thematisieren Sie Funktionen, Ziele und Vorgehensweisen kognitiv-
verhaltenstherapeutischer, gesprächspsychotherapeutischer und psychoanalytischer
Therapien im Alter. (S. 355 - 356; 363 - 365)

Erörtern Sie Erklärungsmodelle für psychische Störungen im Alter. Diskutieren Sie
dabei wesentliche Aspekte im Zusammenhang mit depressiven Störungen.
(S. 355 - 356)

Analysefragen

Diskutieren Sie das "Defizit-Modell" bzw. "Kompetenz-Modell" des Alterns.
(S. 355 - 356)

Welche Rolle spielen Lebensstil und Lebenserfahrungen des älteren Menschen für
therapeutische Interventionen im Alter ? (S. 357)

Analysieren Sie die Bedeutung von Kontrolle im Alter auf verschiedenen Ebenen
und vor dem Hintergrund einschlägiger Theorien. (S. 361; Band I: 302 - 303)

Erörtern Sie Gesichtspunkte, welche bei einer Psychotherapie im Alter stärker
gewichtet werden als bei Interventionen in früheren Lebensabschnitten.
(S. 357 - 364)

Fragen zu Teil B: Klinisch-psychologische Intervention:
Störungsspezifische Aspekte Teil II: Interventionen bei gestörten
Funktionsmustern

Wissensfragen

Welche Aspekte sind bei einer Indikationsstellung zu berücksichtigen ? (S. 264)

Erklären Sie die Begriffe: "Bedingungen" und "Funktionen" von Störungen. Zeigen Sie ihre Bedeutung an einem Beispiel auf. (S. 266)

Auf welchen Problemebenen können psychische Störungen beschrieben werden ? Erläutern Sie diese. (S. 266)

Was versteht man unter "Makro-" bzw. "Mikroanalyse" im therapeutischen Kontext ? (S. 269 - 270)

Wie effektiv sind die verschiedenen Interventionsmethoden bei Angststörungen ? (S. 272 - 274)

Was versteht BECK unter der "kognitiven Triade" ? (S. 283)

Erläutern Sie die Begriffe "Pathogenese" bzw. "Aetiologie". (S. 291)

Was versteht man unter "essentieller Hypertonie"? (S. 292)

Was wissen wir gegenwärtig über die Wirkmechanismen psychologischer Behandlungen bei "Hypertonie" ? (S. 294)

Was bedeutet "Compliance" ? (S. 295)

Welche Arten von Kopfschmerz kennen Sie ? (S. 299)

Wie ist die empirische Wirksamkeit psychologischer Interventionen bei Migräne zu beurteilen ? (S. 301)

Wie hoch ist die Wahrscheinlichkeit eines psychotischen Rückfalls mit und ohne Medikation ? (S. 314)

Welches sind häufige Funktions- und Entwicklungsstörungen bei Abhängigen ? (S. 328)

Welche Interventionsmassnahmen bei "Störungen durch psychotrope Substanzen" sind Ihnen bekannt ? (S. 328)

Wieviel Prozent behandelter Abhängiger werden durchschnittlich rückfällig ? (S. 332)

Wie beurteilen Sie die Wirksamkeit der Behandlung von Alkohol- bzw. Drogen-abhängigen ? (S. 332)

Nennen Sie Methoden der Verhaltensmodifikation bei aggressiven Kindern. (S. 337)

Was wissen Sie über den Entwicklungsverlauf von "Aufmerksamkeits-" und "Hyperaktivitätsstörungen" mit zunehmendem Alter ? (S. 338 - 339)

Wie wirksam sind psychologische Interventionen bei hyperaktiven Kindern ? (S. 340)

Welche Ziele sollten bei einer Behandlung aggressiver Kinder berücksichtigt werden ? (S. 336)

Nennen Sie Beispiele für schädigende und protektive Faktoren für die psychische Gesundheit im Alter. (S. 359 - 360; 363)

Verstehensfragen

Wie lassen sich neurotische Störungen hinsichtlich Annäherungs- und Vermeidungsverhalten beschreiben ? (S. 261 - 262)

Skizzieren Sie das Fünf-Phasen-Modell des therapeutischen Prozesses von HAND. (S. 263)

Stellen Sie Interventionsmöglichkeiten bei Angststörungen bzw. Depressionen dar. (S. 272; 280)

Erläutern Sie psychologische bzw. medizinische Behandlungsansätze depressiver Störungen. (S. 281- 286; 164 - 165)

Von welchen Annahmen bezüglich der Entstehung und Aufrechterhaltung von Depressionen gehen FERSTER bzw. LEWINSOHN aus ? (S. 282; Band I: 299)

Welche Rolle spielen Kausalattributionen im Zusammenhang mit der Entstehung und Aufrechterhaltung von Depressionen ? (S. 284)

Was wissen Sie über die Wirksamkeit der verschiedenen Therapieansätze bei Depressionen ? (S. 287 - 289)

Wie können Bluthochdruckprobleme psychologisch angegangen werden ? (S. 294)

Stellen Sie Hauptmerkmale der "Anorexia nervosa" bzw. der "Bulimia" dar. Welche therapeutischen Interventionen bei diesen Störungsbildern sehen Sie ? (S. 303 - 305)

Welche typischen Nebenwirkungen können unter neuroleptischer Medikation auftreten ? (S. 315)

Beschreiben Sie Vorgehensweise und Befunde der "Expressed emotions"-Untersuchungen und der daraus abgeleiteten therapeutischen Massnahmen. (S. 317)

Welche Ebenen sollten bei Interventionsmassnahmen bei Abhängigen berücksichtigt werden ? (S. 322)

Beschreiben Sie Hauptzielbereiche und Massnahmen von ambulanten bzw. stationären Behandlungen von Alkohol- bzw. Drogenabhängigen. (S. 331; 333)

Skizzieren Sie die Annahmen bezüglich Rückfall von MARLATT & GORDON und ihre postulierten Interventionsstrategien zur Rückfallsprävention. (S. 333 - 334)

Wie lassen sich neuere psychologische Behandlungskonzepte und Fördermassnahmen bei Kindern und Jugendlichen mit Entwicklungs- und Verhaltensstörungen schwerpunktmässig charakterisieren ? (S. 335)

Schildern Sie zentrale Aspekte eines Problemlöse-Trainings bei aggressiven Kindern. (S. 338)

Auf welchen Annahmen basieren soziale Fertigkeitstrainings ? Welche Interventionsziele leiten sich davon ab ? (S. 341)

Erläutern Sie an einem Beispiel, wie mittels Mediatoren bei einem heroinsüchtigen Schüler interveniert werden kann. Stellen Sie die Hauptmerkmale des "Mediatorenkonzepts" dar. (S. 345)

Wie erklären neurologische Hypothesen "Hyperaktivität" und "Autismus" ? (S. 349)

Nennen Sie Erklärungsmodelle für psychische Störungen im Alter. Diskutieren Sie wesentliche Aspekte vor allem im Zusammenhang mit depressiven Störungen. (S. 355 - 356)

Weshalb gilt Psychotherapie mit älteren Menschen als schwieriger als eine entsprechende Intervention bei jüngeren Klienten ? (S. 355 - 356)

Thematisieren Sie Inhalte, Funktionen und Ziele von Psychotherapien im Alter. (S. 356 - 364)

Analysefragen

Wie schätzen Sie den Stellenwert "symptomatischer" Therapien ein ? (S. 291)

Diskutieren Sie Probleme und Möglichkeiten von "Token economies" (bzw. "Training sozialer Fertigkeiten") bei der stationären Behandlung chronisch schizophrener Patienten. (S. 316)

Diskutieren Sie die Rolle der Motivation für eine erfolgreiche Intervention bei Süchtigen. (S. 323)

Wie sind "Methadon-Erhaltungstherapien" zu beurteilen ? Erörtern Sie Vor- und Nachteile dieser Methode bei einer langjährig heroinabhängigen Frau, welche sich prostitutiert, um sich den "Stoff" leisten zu können. (S. 327)

Inwiefern dürften rein kindzentrierte Trainingsstrategien problematisch sein ? Stellen Sie theoretische Ueberlegungen zu dieser Frage an. (S. 338)

Welche spezifischen Adaptationen erfordern therapeutische Interventionen bei autistischen Störungen ? (S. 343 - 344)

Diskutieren Sie Vorteile eines Mediatorenansatzes gegenüber einer kindzentrierten Intervention. (S. 345)

Welche Gründe sprechen für die Wichtigkeit familienbezogener Interventionen ? Skizzieren Sie Interventionsmöglichkeiten. (S. 347; 382 - 384)

Welche Rolle spielen Lebensstil und Lebenserfahrungen des Aelteren für therapeutische Interventionen im Alter ? (S. 357)

Analysieren Sie die Bedeutung von Kontrolle im Alter auf verschiedenen Ebenen und vor dem Hintergrund der Theorie von SELIGMAN. (S. 361; Band I: 302 - 303)

Thematisieren Sie Gesichtspunkte, welche bei einer Psychotherapie im Alter stärker gewichtet werden als bei Interventionen in früheren Lebensabschnitten. (S. 357 - 364)

Integrationsfragen

Integrieren Sie empirische Effektivitätsnachweise von psychologischen Interventionen bei Neurosen. Wo sehen Sie Schwierigkeiten bei Interventions- evaluationen ? (S. 275 - 278)

Wie beurteilen Sie insgesamt Bedeutung und Wirksamkeit psychologischer Interventionen bei psychosomatischen Störungen ? (S. 292 - 307)

Resümieren Sie positive und negative Aspekte einer neuroleptischen Behandlung schizophrener Störungen. Wann sind kombinierte Interventionsangebote indiziert ? (S. 311 - 312)

Thematisieren Sie Analyseebenen, auf welchen Störungen beschrieben werden sollten, um zu einem ganzheitlicheren Verständnis von Aetiologie, Performanz und Intervention zu gelangen. (S. 370 - 371)

Welchen Beitrag leisten systemische Ueberlegungen für ein Verständnis von Störungen ? Diskutieren Sie die Bedeutung psychologischer Theoriekonzepte in systemischen Erklärungsmodellen. (S. 391)

Nennen Sie Indikatoren für Gesundheit vor dem Hintergrund eines gemeinde- psychologischen Verständnisses von Störungen. (S. 409 - 419)

Anwendungsbeispiel

Frau Schütz befindet sich seit mehreren Wochen auf einer Akutabteilung einer Psychiatrischen Klinik. Der Einlieferung war ein Suizidversuch vorangegangen. In der Folge innerer Unruhe, Gedanken der eigenen Wertlosigkeit und Versagensgefühlen hatte sie sich das Leben nehmen wollen.

Dem Psychiater zeigte sich bei der Aufnahme eine leicht adipöse Frau, welche kaum ansprechbar war, wirre Gedanken ("sie hätte es ihr befohlen, sie hätte nie gewollt, dass aus ihr etwas werde") verlauten liess und neben heftigen Weinkrämpfen immer wieder kindisch vor sich hin lächelte. Ihr Verhalten war unkooperativ. In der Folge entwickelten sich schwer depressive bis stuporöse Zustände, wechselnd mit gespannter Angetriebenheit. Gelegentlich äusserte sie den Drang, ihre Tochter mit einer Zigarette verbrennen zu wollen, ihr Denken wirkte oft zerfahren, inkohärent und schwer verständlich. Frau Schütz war als drittes Kind einer sozial benachteiligten Familie aufgewachsen. Obgleich die Schwangerschaft aus gesundheitlichen Gründen der Mutter nicht erwünscht war, hatte sich diese aus religiösen Bedenken gegen eine Abtreibung gewehrt. Die Geburt verlief schwierig. Die Klientin wurde während der ersten drei Lebensmonate von der Mutter gestillt, doch hatte diese angeblich zu wenig Milch, weshalb das Kind regelmässig nach dem Stillen weinte. Die mehrmaligen Klinik- und Spitalaufenthalte der Mutter in der Folgezeit fielen mit Durchschlafstörungen und Dunkelangst von Frau Schütz zusammen. In der Schule zeigte sie mittelmässige Leistungen und beendete vorzeitig die Grundschulen. Der Eintritt ins Berufsleben (Verkäuferin) erfolgte ohne grössere Probleme. Es fanden in den letzten Jahren indes häufig Stellenwechsel statt. Mit 19 Jahren heiratete sie einen Mann, von welchem sie ein Kind erwartete. Die Belastung durch Schwangerschaft und anschliessend durch die Erziehung war erheblich. Sie fühlte sich überfordert, von ihrem Mann vernachlässigt und ausgenützt. Um der Familienpflicht zu entfliehen, begann sie erneut halbtags zu arbeiten.

Wie beurteilen Sie Frau Schütz nach DSM-III-R. Kodieren Sie die gegebenen Informationen auf den fünf Achsen des DSM-III-R.

Thematisieren Sie Risiko- und Protektivfaktoren.

Stellen Sie Erklärungsmodelle für die Entstehung und Aufrechterhaltung der Störung dar. Resümieren Sie genetische, biologische, analytische, bindungstheoretische, verhaltenstheoretische, sozialpsychologische und soziologische Faktoren, welche eine Rolle für ein Verständnis der Störung spielen könnten.

Wie würden Sie therapeutisch vorgehen? Skizzieren Sie Therapieziele und Interventionsstrategien.

Welche Massnahmen zur Vehinderung eines Rückfalls oder einer Chronifizierung der Störung würden Sie einleiten?

Unter welchen Voraussetzungen wäre eine unterstützende Medikation sinnvoll ? An welche Medikamentengruppe denken Sie ?

Diskutieren Sie Erfolgschancen einer Intervention. Von welchen Determinanten werden diese mitbestimmt ?

Wissensfragen

Was versteht man unter "Paartherapie" ? (S. 371)

Erläutern Sie den Begriff "Triangulierung". (S. 371; 393)

Welche Typen intimer Bindung (Liebe) können unterschieden werden ? (S. 372)

Welche qualitativ unterschiedlichen Bindungstypen differenziert BOWLBY ? (S. 372)

Nennen Sie irrationale Ueberzeugungen, welche sich häufig in intimen Beziehungen finden lassen. (S. 376)

Was wissen Sie über die Attribuierungstendenz von zufriedenen bzw. unzufriedenen Paaren bei positivem bzw. negativem Verhalten ihres Partners ? (S. 377)

Welche Möglichkeiten der kognitiven Umstrukturierung in Partnerschaften kennen Sie ? (S. 378)

Was bedeuten "aktives Zuhören" und "nicht anklagende Kritik" ? (S. 378)

Was versteht HAKEN (1981) unter "Synergetik" ? (S. 380)

Welche Gesichtspunkte werden bei einer systemischen Betrachtungsweise im allgemeinen herangezogen ? (S. 381)

Unter welchen Umständen können "paradoxe Interventionen" kontraindiziert sein ? (S. 384)

Was wissen Sie über die wissenschaftliche Fundierung familientherapeutischer Interventionen ? (S. 384)

Verstehensfragen

Wie lautet BOWLBYs zentrale These bezüglich der Fähigkeit zu intimen Beziehungen im Erwachsenenalter ? (S. 372)

Skizzieren Sie die Kernannahmen des "Kollusionskonzepts" von WILLI (1975). (S. 372)

Erläutern Sie die "provokative Technik" als therapeutische Interventions- möglichkeit. (S. 373)

Stellen Sie das "Prozessmodell der Streiteskalation" von REVENSTORF et al. dar. (S. 374 - 375)

Wie lässt sich die Interaktion unzufriedener Paare auf der Handlungsebene charakterisieren ? (S. 378)

Wie kann eine negative Paarinteraktion therapeutisch angegangen werden ? Stellen Sie Methoden zur Förderung adäquater dyadischer Interaktionen dar. (S. 378 - 380)

Beschreiben Sie das Vorgehen im "gelenkten Dialog" und die sieben Phasen dieser Methode. (S. 379)

Erläutern Sie Interventionsmöglichkeiten auf der Paarebene. Welche Spezifika haben diese ? (S. 381)

Wie werden Krisen systemtheoretisch erklärt ? (S. 381)

Thematisieren Sie Konsequenzen von "positiver" und "negativer" Rückkoppelung in Partnerschaften. (S. 381)

Erläutern Sie "strukturelle" und "strategische" Massnahmen im Rahmen systemischer Interventionen und ihre Indikation. (S. 383)

Analysefragen

Wie beurteilen Sie irrationale Ueberzeugungen im Kontext von Partnerschaften ? Welche Gefahren resultieren daraus ? (S. 376 - 377)

In welchen Fällen sind familientherapeutische Interventionen individuumzentrierten vorzuziehen ? (S. 384)

Integrationsfragen

Thematisieren Sie Analyseebenen, auf welchen Störungen beschrieben werden können, um zu einem ganzheitlicheren Verständnis von Aetiologie, Performanz und Intervention zu gelangen. (S. 370 - 371)

Fragen zu Kapitel 23: Störungen der Schulklasse als soziales System: Intervention

---

Wissensfragen

Formulieren Sie Ziele des "Lehrer-Schüler-Kommunikationstrainings" von BRUNNER et al. (1978). (S. 389)

Verstehensfragen

Wie lässt sich "Schule" aus einer systemischen Perspektive verstehen ? (S. 386)

Wie könnten systemische Interventionen in der Schule aussehen ? Welche Ansatzpunkte sehen Sie ? (S. 387 - 391)

Skizzieren Sie das "Kontrakt-Training". (S. 392)

Welche Systeme neben Schülern und Lehrern lohnt es sich, je nach Fall, in eine systemische Intervention einzubeziehen ? (S. 393)

Wie können Interaktionsmuster der Lehrer-Schüler-Beziehung verändert werden ? (S. 393)

Analysefragen

Inwiefern unterscheidet sich eine systemische Analyse schulischer Probleme von einer individuumbezogenen ? (S. 386)

Welche Rolle können Normen, Attribuierungen, subjektive Alltagstheorien etc. bei Störungen im System Schule spielen ? (S. 389 - 392)

Inwiefern kommt dem Lehrerverhalten unter systemischen Gesichtspunkten eine besondere Bedeutung bei Interventionen zu ? (S. 391 - 392)

Integrationsfragen

Welchen Beitrag leisten systemische Ueberlegungen zum Verständnis von Störungen ? Diskutieren Sie die Bedeutung von psychologischen Theoriekonzepten in systemischen Erklärungsmodellen. (S. 391)

Fragen zu Kapitel 24: Störungen betrieblicher Organisationen: Intervention

Wissensfragen

Welche psychopathologisch relevanten Bedingungen für Störungen in betrieblichen Organisationen können unterschieden werden ? (S. 395)

Welche Arten von "Misfits" differenziert SEMMER (1984) ? (S. 396)

Was versteht man unter "korrektiver", "präventiver" bzw. "prospektiver" Arbeitsgestaltung" ? (S. 397)

Welche Faktoren wirken sich auf Auswahl und Umsetzung von Interventionen in der betrieblichen Praxis aus ? (S. 399)

Welche Arten von Interventionsprogrammen in Betrieben kennen Sie ? Skizzieren Sie diese kurz. (S. 399 - 400)

Verstehensfragen

Thematisieren Sie Risikofaktoren bzw. protektive Faktoren unter betrieblichen Gesichtspunkten. (S. 395)

Stellen Sie das "Person-Environment-Fit"-Modell dar. (S. 396)

Nennen Sie Bedingungen für betriebliche Imbalancen. Wo können betriebliche Interventionen ansetzen ? Systematisieren Sie diese. (S. 397 - 399)

Beschreiben Sie verschiedene Interventionsmodelle in Betrieben. (S. 402 - 403)

Analysefragen

Diskutieren Sie gesetzliche Regelungen und deren Einfluss auf die Handlungsmöglichkeiten des Klinischen Psychologen in Betrieben. (S. 401)

Resümieren Sie Vor- und Nachteile der verschiedenen Modelle struktureller Einbindung des psychologischen Dienstes in den Betrieb ("Implementations-modelle"). (S. 402 - 404)

Analysieren Sie die Bedeutung, welche Klinischen Psychologen in Betrieben und Organisationen zukommt. (S. 395 - 404)

Integrationsfragen

Welche Aspekte determinieren den Handlungsspielraum des Psychologen in betrieblichen Organisationen ? Diskutieren Sie die einzelnen Variablen. (S. 400 - 401)

Fragen zu Kapitel 25: Störungen im System Gemeinde: Intervention

Wissensfragen

Welche Perspektiven können bei einem gemeindepsychologischen Vorgehen eingenommen werden ? (S. 408)

Welche Aspekte beinhaltet eine "ökologische Betrachtungsweise" von Störungen ? (S. 408)

Nennen Sie die von KELLY (1986) vorgeschlagenen Kriterien zur Analyse von Systemen. Erläutern Sie die einzelnen Prinzipien. (S. 409)

Welche Systeme unterscheidet BRONFENBRENNER (1978) in seinem Mehr-ebenenmodell ? (S. 409)

Thematisieren Sie Störfaktoren oder "Umweltstressoren", welche die "Gesundheit einer Gemeinde" beeinträchtigen können. (S. 410)

Nennen Sie Charakteristika sozialer Brennpunkte (Ghettos). (S. 411)

Erläutern Sie Funktionen der "Wohnung". (S. 412)

Was versteht man unter "Ortsidentität" ? Welche Faktoren können ihren Aufbau erschweren ? (S. 413)

Verstehensfragen

Wodurch wird der subjektive Lebensraum eines Individuums konstituiert ? (S. 408)

Resümieren Sie negative Aspekte von Trabantenstädten und der Abwanderung von Industriebetrieben in ländliche Gebiete. (S. 410)

Inwiefern wird das Wohnen durch gemeindepolitische Vorgaben bestimmt ? (S. 412)

Stellen Sie Faktoren dar, welche die Entfaltungsmöglichkeiten von Kindern und Jugendlichen in Siedlungsgebieten und Wohnungen häufig einschränken. (S. 413 - 414)

Nennen Sie Kriterien zur Bewertung der Freizeitqualität einer Gemeinde (nach SCHMITZ-SCHERZER (1976). (S. 416)

Analysefragen

Stellen Sie die Annahmen von "Design-Theorien" (z.B. NEWMAN, 1973) dem Argument der Identifikation mit der Wohnumwelt gegenüber. (S. 413)

Diskutieren Sie "Anonymität" und "soziale Kontrolle" in Gemeinden. (S. 414 - 415)

Inwiefern beeinflusst die Lebensqualität einer Gemeinde die Verfügbarkeit sozialer Netzwerke ? Welche Konsequenzen können sich daraus ergeben ? (S. 414)

Welchen Einfluss hat der Arbeitsmarkt einer Gemeinde auf deren psychosoziale Gesundheit ? (S. 415 - 416)

Wie sollten psychologische Interventionen unter gemeindepsychologischen Zielsetzungen aussehen ? (S. 418)

Integrationsfragen

Nennen Sie Indikatoren für Gesundheit ("social indicators") vor dem Hintergrund eines gemeindepsychologischen Verständnisses. (S. 409 - 419)

Skizzieren Sie die Funktion eines Psychologen unter gemeindepsychologischer Perspektive. Akzentuieren Sie unter diesem Gesichtspunkt Unterschiede zu seinem herkömmlichen Berufs- und Tätigkeitsverständnis. (S. 417 - 418)

Fragen zu Teil B: Klinisch-psychologische Intervention: Störungsspezifische Aspekte Teil III: Interventionen bei gestörten interpersonellen Systemen

Wissensfragen

Welche qualitativ unterschiedlichen Bindungstypen differenziert BOWLBY ? (S. 372)

Was wissen Sie über die Attribuierungstendenz von zufriedenen versus unzufriedenen Paaren bei positivem bzw. negativem Verhalten ihres Partners ? (S. 377)

Welche Gesichtspunkte werden bei einer systemischen Betrachtungsweise im allgemeinen herangezogen ? (S. 381)

Unter welchen Umständen können "paradoxe Interventionen" kontraindiziert sein ? (S. 384)

Welche psychopathologisch relevanten Bedingungen für Störungen in betrieblichen Organisationen können unterschieden werden ? (S. 395)

Welche Faktoren wirken sich auf die Auswahl und Umsetzung von Interventionen in der betrieblichen Praxis aus ? (S. 399)

Was implementiert eine "ökologische Betrachtungsweise" von Störungen ? (S. 408)

Welche Kriterien zur Analyse von Systemen schlägt KELLY (1968) vor ? Erläutern Sie die einzelnen Prinzipien. (S. 409)

Thematisieren Sie Störfaktoren oder "Umweltstressoren", welche die "Gesundheit einer Gemeinde" beeinträchtigen können. (S. 410)

Verstehensfragen

Thematisieren Sie Analyseebenen, auf welchen Störungen beschrieben werden können, um zu einem ganzheitlicheren Verständnis für Aetiologie, Performanz und Intervention zu gelangen. (S. 370 - 371)

Wie lautet BOWLBYs zentrale These bezüglich Bindungsfähigkeit und intimen Beziehungen im Erwachsenenalter ? (S. 372)

Erläutern Sie Interventionsmöglichkeiten in Beziehungssystemen. (S. 373 - 384)

Stellen Sie den Ansatz von REVENSTORF et al. (1982) dar. Welche Implikationen für Interventionen leiten sich aus dem Modell der Streiteskalation ab ? (S. 374 - 375)

Wie charakterisiert sich die Interaktion von unzufriedenen Paaren auf der Handlungsebene ? Wie lässt sich dem therapeutisch begegnen ? Stellen Sie Methoden zur Förderung adäquater dyadischer Interaktionen dar. (S. 378 - 380)

Wie werden Krisen systemtheoretisch erklärt ? (S. 381)

Thematisieren Sie Konsequenzen von "positiver" bzw. "negativer" Rückkoppelung in Partnerschaften. (S. 381)

Wie lässt sich "Schule"aus einer systemischen Perspektive verstehen ? (S. 386)

Thematisieren Sie Risikofaktoren und protektive Faktoren unter betrieblichen Gesichtspunkten. (S. 395)

Stellen Sie das "Person-Environment-Fit"-Modell dar. (S. 396)

Nennen Sie Bedingungen für betriebliche Imbalancen. Wo können betriebliche Interventionen ansetzen ? Systematisieren Sie diese und erläutern Sie sie am Beispiel eines Problemtrinkers, welcher am Arbeitsplatz häufig negativ auffällt. (S. 397 - 399)

Beschreiben Sie verschiedene Interventionsmodelle in Betrieben. (S. 402 - 403)

Wodurch wird der subjektive Lebensraum eines Individuums konstituiert ? (S. 408)

Stellen Sie das Mehrebenenmodell von BRONFENBRENNER dar. (S. 409)

Inwiefern beeinflusst die Lebensqualität einer Gemeinde die Verfügbarkeit sozialer Netzwerke ? Welche Konsequenzen können sich daraus ergeben ? (S. 414)

Analysefragen

In welchen Fällen sind familientherapeutische Interventionen einzeltherapeutischen vorzuziehen ? (S. 384)

Wie steht es um die wissenschaftliche Fundierung familientherapeutischer Interventionen ? (S. 384)

Inwiefern unterscheidet sich eine systemische Analyse schulischer Probleme von einer individuumbezogenen ? Wie könnten systemische Interventionen in der Schule aussehen, welche Ansatzpunkte sehen Sie ? Diskutieren Sie ihre Ueberlegungen am Beispiel eines "Ausländerjungen", welcher in der Schule aufgrund sprachlicher Probleme Mühe hat. (S. 386 - 391)

Welchen Beitrag leisten systemische Ueberlegungen generell für ein besseres Verständnis von Störungen ? Diskutieren Sie die Bedeutung von psychologischen Theoriekonzepten in systemischen Erklärungsmodellen. (S. 391)

Analysieren Sie die Bedeutung, welche Klinischen Psychologen in Betrieben und Organisationen zukommt. (S. 395 - 404)

Resümieren Sie Vor- und Nachteile der verschiedenen Modelle einer strukturellen Einbindung des psychologischen Dienstes in den Betrieb ("Implementationsmodelle"). (S. 402 - 404)

Wie sollten psychologische Interventionen unter gemeindepsychologischen Zielsetzungen aussehen ? (S. 418)

Integrationsfragen

Welche Aspekte determinieren den Handlungsspielraum des Psychologen in betrieblichen Organisationen ? Diskutieren Sie die einzelnen Variablen anhand eines Beispiels. (S. 400 - 401)

Nennen Sie Indikatoren für Gesundheit ("social indicators") nach einem gemeindepsychologischen Verständnis. Welche Konsequenzen leiten sich aus einer solchen Sichtweise ab ? (S. 409 - 419)

Anwendungsbeispiel

Herr und Frau Keller sind seit fünfzig Jahren verheiratet, haben gemeinsam zwei Kinder erzogen und es im Verlauf ihrer Arbeit zu einem eigenen Häuschen gebracht. Die Ehe war insgesamt gesehen recht harmonisch gewesen und hatte auch gelegentliche "Beziehungsstürme" unbeschadet bis ins hohe Alter überstanden. Seit zwei Jahren ist Frau Keller gehbehindert und bedarf der Hilfe ihres Mannes, welcher selber unter Seh- und Hörschwierigkeiten zu leiden anfing. Die daraus resultierenden Einschränkungen im täglichen Leben führten bei beiden zu Unzufriedenheit und vermehrten Reibereien. Die Kinder wohnen seit ihrer Heirat geographisch weit entfernt und lassen nur noch selten von sich hören, da sie das eigene Leben mit seinen Aufgaben und Anforderungen eingeholt hat. Dieser Umstand wirft die beiden Eheleute ganz auf sich selber zurück. Die meisten Freunde und Bekannten ihres sozialen Umfeldes sind gestorben oder selber gesundheitlich angeschlagen, weshalb Kontakte nur noch selten stattfinden. Während früher viel zusammen unternommen wurde, zwingen die altersbedingten Einschränkungen zu einer monotoneren Lebensführung, Lesen und Fernsehen sind z.B. für Herrn Keller kaum mehr möglich. Sexuell wird nicht mehr verkehrt, da sich dies im Alter nicht mehr schicke, wie Frau Keller meint. Andere Hobbies oder Ausflüge etc. können sie sich teils nicht leisten, teils haben sie keine Helfer, welche Frau Keller im Rollstuhl über längere Zeit stossen würden.

Was wissen Sie über Veränderungen im Alter. Diskutieren Sie das "Kompetenz-" versus "Defizitmodell" des Alterns.

Kann im Falle des Ehepaars Keller von einer Beziehungsstörung gesprochen werden ?

Referieren Sie Elemente einer Verhaltensanalyse der Situation des Ehepaars Kellers. Wo sehen Sie Interventionsmöglichkeiten im beschriebenen Fallbeispiel ? Diskutieren Sie Interventionsziele und -vorgehensweisen.

Welche möglichen Verläufe der Problematik sind mit oder ohne psychologische Intervention denkbar ?

Welche diagnostischen Methoden würden Sie beiziehen ?

Welche systemischen bzw. gemeindepsychologischen Ansatzpunkte sehen Sie ?

Diskutieren Sie Präventionsprogramme, um aufs Altern vorzubereiten. Wie sähe primäre, sekundäre und tertiäre Prävention aus ? Diskutieren Sie Ihre Ueberlegungen bezüglich des Fallbeispiels. Wie hätte das Ehepaar Keller auf die aktuelle Situation vorbereitet werden können ?

Interpretieren Sie die Situation des Ehepaars Keller im Lichte der "Theorie der erlernten Hilflosigkeit" und verstärkungstheoretischer Ansätze.

Wo ergeben sich für Sie Unterschiede bei einer Intervention bei älteren Menschen gegenüber jüngeren ? Welche Anforderungen stellt dies an den Therapeuten. Diskutieren Sie diese Frage bezüglich psychoanalytischer, gesprächspsychotherapeutischer bzw. verhaltenstherapeutischer Therapien.

Verlag Hans Huber
Bern Göttingen Toronto

Huber Psychologie
Lehrbuch

Hans Spada (Herausgeber)

Lehrbuch Allgemeine Psychologie

1990, 616 Seiten, 107 Abbildungen, 48 Tabellen, kartoniert Fr. 78.— / DM 89.—

- Wahrnehmung (Wolfgang Prinz)
- Gedächtnis und Wissen (Rainer H. Kluwe)
- Denken und Problemlösen (Gerd Lüer und Hans Spada)
- Sprechen und Sprachverstehen (Theo Herrmann)
- Lernen (Hans Spada, Andreas M. Ernst und Werner Ketterer; Frank Halisch)
- Emotionen (Klaus Schneider)
- Motivation (Heinz-Dieter Schmalt und Heinz Heckhausen)
- Psychomotorik (Herbert Heuer)
- Ausgewählte Methoden (Karl Friedrich Wender)

Einführung in das Gesamtgebiet der Allgemeinen Psychologie. Begleitlektüre zu Lehrveranstaltungen und Basisstoff für Prüfungen. Die zentralen Theorien, die wichtigen Forschungsparadigmen und -methoden und die entscheidenden Befunde. Didaktisch fundiert.

Heinrich Wottawa / Heike Thierau

Lehrbuch Evaluation

1990, 181 Seiten, 21 Abbildungen, 48 Diagramme, kartoniert Fr. 34.— / DM 39.80

Die Evaluation öffentlicher und privater Maßnahmen z.B. im Bildungswesen oder in der Psychotherapie) wird für die rational begründete und ethisch verantwortbare Gestaltung unserer Gesellschaft immer wichtiger. Es werden zahlreiche Hilfen für die konkrete Arbeit an Evaluationsprojekten gegeben, und zwar sowohl für den potentiellen Evaluator als auch für den Auftraggeber. Die Kenntnis des Inhaltes ist für alle unverzichtbar, die aktiv an Evaluationsvorhaben mitwirken. Das Lehrbuch vermittelt gleichzeitig dem interessierten Leser wichtige Einblicke in das Funktionieren der sozialen Umwelt.

Werner Herkner

Lehrbuch Sozialpsychologie

5., korrigierte und stark erweiterte Auflage der «Einführung in die Sozialpsychologie»
1991, 560 Seiten, 180 Abbildungen, 90 Tabellen, gebunden Fr. 69.— / DM 79.—

Aus der bewährten «Einführung in die Sozialpsychologie» ist nun ein breiter angelegtes Lehrbuch entstanden. Es informiert ausführlich über alle relevanten Themenkreise. Größtes Gewicht wurde auf eine möglichst voraussetzungslose und leicht verständliche Darstellung gelegt. Das Buch eignet sich daher für die Vorbereitung auf Prüfungen ebenso wie für die Lektüre durch interessierte Nichtpsychologen.
Der Umfang wurde gegenüber der letzten Auflage der «Einführung» um mehr als ein Drittel vergrößert. Ein Teil der bereits vorhandenen Kapitel wurde überarbeitet und ergänzt.
Ferner wurden noch stärker als bisher die Verbindungen zwischen Sozialpsychologie und allgemeiner Psychologie (insbesondere Lern-, Gedächtnis- und Wissenspsychologie) betont.

Verlag Hans Huber
Bern Göttingen Toronto

August Flammer

Erfahrung der eigenen Wirksamkeit

Einführung in die Psychologie der Kontrollmeinung

1990, 379 Seiten, 11 Abbildungen, 39 Tabellen, 28 Figuren, kartoniert Fr. 39.— / DM 44.80

In der modernen Psychologie geht es darum, wie die Menschen zu ihrer Kontrolle stehen, ob sie wissen oder glauben, Kontrolle zu haben, und wie sie zu solchem Wissen gelangen. Menschen können eben nicht nur unglücklich sein, weil sie keine oder zu wenig Kontrolle haben, sondern auch, weil sie meinen, keine oder zu wenig Kontrolle zu haben. Der zentrale Gegenstand dieses Buches ist darum die Kontrollmeinung, d. h. die persönliche Meinung über die eigene Kontrolle. Der Autor versucht im ersten und größten Teil dieses Lehrbuchs, zu einer kohärenten Auffassung von Kontrolle, Kontrollmeinung und ihrer persönlichkeitsmäßigen und sozialen Bedeutung hinzuführen. Der zweite Teil geht der Frage der Verankerung der Kontrollmeinung im persönlichen Selbstverständnis und in der eigenen Lebenserfahrung nach. Das hat auch in der fachpsychologischen Beratungs- und Therapietätigkeit große Bedeutung. Der dritte Teil behandelt den Aufbau der Kontrollmeinungen im Laufe der menschlichen Entwicklung. Für die Lektüre des Buches sind keine besonderen Vorkenntnisse nötig. Vorausgesetzt wird nur die Bereitschaft, sich auf die Denkweise der modernen Psychologie einzustellen.

Oswald Huber

Das psychologische Experiment: Eine Einführung

Mit achtundvierzig Cartoons aus der Feder des Autors. (Huber Psychologie Forschung) 1992 (Nachdruck), 193 Seiten, 48 Cartoons, kartoniert Fr. 30.— / DM 34.80

Der Autor möchte vor allem Studienanfänger mit den elementaren Grundlagen des Experimentierens vertraut machen. Um den Lesern den Einstieg zu erleichtern, konzentriert er sich auf die wesentlichen Probleme und versucht, diese möglichst klar und einfach darzustellen. Zur Unterstützung und Auflockerung der Darstellung enthält der Text zahlreiche Cartoons. Das Konzept des Buches ist aus der jahrelangen Lehrtätigkeit des Autors in der Methodikausbildung entstanden und wurde vielfach erprobt.

Verlag Hans Huber
Bern Göttingen Toronto

Huber

Praxis

Hans S. Reinecker

Zwänge

Diagnose, Theorien und Behandlung

1991, 159 Seiten, 10 Abbildungen, 6 Tabellen, kartoniert Fr. 26.— / DM 29.80

Das Buch bietet eine knappe und klare Darstellung von Diagnose, neueren Theorien und Behandlungsmöglichkeiten der Zwänge aus klinisch-psychologischer Perspektive.
Der Autor berichtet über verschiedene bewährte und neuere Strategien der Behandlung von Zwängen, berücksichtigt Ergebnisse von Therapiestudien und geht auch auf theoretische und praktische Probleme ein.
Im deutschsprachigen Raum ist dieses Buch die einzige Monographie über Zwänge und deshalb für Therapeuten aller Ausrichtungen unverzichtbar.

Michael D. LeBow

Adipositas

Psychotherapie und Nachbehandlung von Übergewicht bei Erwachsenen

Aus dem Englischen übersetzt von Iris Gutmann. 1991, 152 Seiten, 1 Abbildung, 2 Tabellen, zahlreiche Übersichten, 8 Anhänge, kartoniert Fr. 32.— / DM 38.—

Zahlreiche Menschen versuchen verzweifelt, ihr Gewicht zu reduzieren. Das Bild, das sie von ihrem eigenen Körper haben, ist oft gestört. Wenn die Behandlungsprogramme «maßgeschneidert» sind, ist Hilfe in vielen Fällen möglich. Der Autor – der selbst unter Übergewicht gelitten hat – schildert die üblichen Behandlungsformen und zeigt, wie der Patient in den therapeutischen Prozeß «hineingezogen» wird. Im Anhang findet der Leser tabellarisch dargestellte Informationen zur Gewichtskontroll-Therapie. Den Hintergrund des Buches bilden die Einsichten, die der Autor selbst und seine Mitarbeiter forschend und behandelnd an der Manitoba Obesity Clinic erworben haben.

Cicely Saunders / Mary Baines

Leben mit dem Sterben

Betreuung und medizinische Behandlung todkranker Menschen

Aus dem Englischen übersetzt von Irmela Erckenbrecht. 1991, 92 Seiten, 2 Abbildungen, 2 Tabellen, kartoniert Fr. 17.— / DM 19.80

(Aus dem Vorwort:) «Die Pflege todkranker Menschen sollten wir immer als medizinische Behandlung verstehen: Sie ist zwar nicht mehr darauf ausgerichtet, die Krankheit zu heilen. Sie will aber den Patienten bis zu seinem Tod durch eine persönliche Beziehung emotional unterstützen, und sie will ihm die Chance geben, bei größtmöglichem körperlichen Wohlbefinden so lange wie möglich die Eigeninitiative zu wahren.»